修己达人

《论语》里的人生智慧

赵世禹 ◎ 著

安徽师范大学出版社

ANHUI NORMAL UNIVERSITY PRESS

· 芜湖 ·

图书在版编目（CIP）数据

修己达人：《论语》里的人生智慧 / 赵世禹著.

芜湖：安徽师范大学出版社，2025. 2. -- ISBN 978-7-5676-7225-3

Ⅰ. B222.2-49

中国国家版本馆 CIP 数据核字第 20257D0H56 号

修己达人：《论语》里的人生智慧　　　　　　　　　　　　　　赵世禹◎著

XIU JI DA REN LUNYU LI DE RENSHENG ZHIHUI

责任编辑：潘　安

装帧设计：张　玲　汤彬彬

责任印制：桑国磊

出版发行：安徽师范大学出版社

　　　　　芜湖市北京中路2号安徽师范大学赭山校区　　　邮政编码：241000

网　　　址：https://press.ahnu.edu.cn

发 行 部：0553-3883578　5910327　5910310（传真）

印　　刷：安徽芜湖新华印务有限责任公司

版　　次：2025年2月第1版

印　　次：2025年2月第1次印刷

规　　格：700 mm × 1000 mm　　　1/16

印　　张：24.25

字　　数：325千字

书　　号：978-7-5676-7225-3

定　　价：96.00元

凡发现图书有质量问题，请与我社联系（联系电话：0553-5910315）

出版说明

面向广大普通读者，特别是青少年读者，以国学经典为媒介，积极宣传和普及中华优秀传统文化，"走好人生的路，系好人生的第一颗纽扣"，这是当代出版界的重要任务之一。

众所周知，国学经典往往流传广、注释多，不同时代甚至同一时代的读者往往有不同的理解，而且有时候彼此的理解差异很大，运用不同，实践结果不同，正所谓"我注六经"而"六经注我"。

本书积极宣传《论语》里闪烁的"中国人的道理"，以杨伯峻《论语译注》（中华书局2016年版）为参照，但不拘泥于古往今来各家的注释，力求删繁就简、通俗易懂，旨在激发读者阅读经典的兴趣，甚至能够密切联系当今生活、当今世界而予以积极思考。

本书体例，一是呈现原文，沿用传统的二十章编次，为便于朗诵进一步编以"1.1"之类的序号；二是疏通释义，以通解为主，不逐字逐句对照，也不致力于古文词义的考证，一般不卷入注家争讼；三是发掘智慧，或解决疑惑，或交代上下文，指向藏在原文里面的道理，多为作者认真学习、思考、联系自己生活实践所得，重点在于立足当下、启迪读者。

"多读书，读好书，好读书。"希望本书有益于读者更好地生活和工作。

自　序

儿子七岁的时候，我开始让他读拼音版的《论语》。一年多的时间，读了近四十遍，大部分篇章已经可以背诵了。我忽然萌生一个想法，想给儿子讲《论语》，告诉他我对这部儒家经典的理解与感悟。

我认为，儒家思想之基础是人伦，人伦之基础是孝道。我从小耳濡目染的是我的父母如何孝顺他们的父母，兄弟姐妹如何友爱。从小到大，我犯错误的时候，父亲几乎没有和我发过脾气，经常是递给我一杯水，坐下来跟我谈心、讲道理。我的父母都很平凡，但是他们身体力行地告诉我什么是孝道、什么是和谐的家庭。

父亲于我，亦父、亦师、亦友，我想努力把这种父子关系和家庭关系传承下去。

我写这本书，就是为了让我的孩子知道，中华文明是何等璀璨，我们的血液里流淌着怎样的智慧基因，做一名中国人是何等幸运，能够传承和发扬中华优秀传统文化又是何等荣耀！

赵世禹

2024 年 6 月 30 日

目　录

学 而 第 一

1.1

[原文]

子曰："学而时习之，不亦说乎？有朋自远方来，不亦乐乎？人不知而不愠，不亦君子乎？"

[释义]

孔子说："学到新知识又可以定时复习，不也是很快乐的事情吗？有好朋友从远方而来，不也是很快乐的事情吗？别人不了解我但是我不怨恨，不也是君子之所为吗？"

[智慧]

无论是否完整读过《论语》的中国人，这三句都是烂熟于胸的，估计大多数的中国人都曾经主动或者被动地试图去读《论语》，所以无论读完与否，这三句开场白总是记得的。

整部《论语》，只有孔子说的话可以被称为"子曰"。其他弟子，必须明示，如"曾子曰""有子曰"等。

在古代汉语里，字为主要语言单元，一个字有一个字的含义。

"学"是获得新知识、新技能，"习"是温习、练习，对学到的新知识、新技能加深印象的过程。我们学到了新知识，又能够经常练习巩固，这不是很快乐的事情吗？

"说"此处读"悦"，通假字。通假字或者是古人写的错别字，或者是古今字义演变之差异，不一而足，不能一概而论是古人写的错别字，也不能一概而论是今人不识古字。

"朋"与"友"也有不同含义。孔颖达曰："同门曰朋，同志曰友。"同学、同门师兄弟有相同学业、受教经历的是朋，有相同的志趣爱好的是友。为什么有同学或者志同道合的人从远方来会如此欢乐呢？那是因为春秋时期交通不发达，出门主要靠两条腿走路，有马的很少，而且各国之间战乱频仍，走在路上很可能被抓去修筑城墙和其他什么军事设施，或者给君王修宫殿之类的。相邻两个县走起来十天半个月是很正常的，晚上没有酒店客栈，只能露宿荒野，遇到一个破庙或者道观已经是幸运至极了，吃的也没有办法随时解决，只有到了城镇或者遇到集市，才能补充一点儿干粮，前提是得有钱。那个时代，有个朋友从几百里或者上千里外来看望你，历时一两年，一路上是这样走来的，你之前也不知道这个朋友会来，想象一下吧，相见之时岂止是欢乐，激动得热泪盈眶，心情久久不能平息，而且这种拜访一生如有一次，即已幸甚，这样的朋友一生如有一个，亦已幸甚！

"愠"，怨恨，就是在心里生气、愤怒甚至愤恨，注意是在心里，也就是自己知道自己很生气。儒家讲求"慎独"，就是不用别人监督，而是自己监督自己，让自己的行为时时刻刻以君子之德行来约束，也包括自己的心理状态。别人不了解我，误会我，我不生气，不只是表面上不生气，我内心也不生气，从心往外地涵容别人对我的误解。这就不是一个表面上有君子之风的问题了，而是内心里也是一个君子。别人即便不理解你，误会你，只要你自己内心相信自己的真诚与正气，那你自然不会对别人的误解或者其他看法太在意，也就不会生气了。

1.2

[原文]

有子曰："其为人也孝弟，而好犯上者，鲜矣；不好犯上，而好作乱者，未之有也。君子务本，本立而道生。孝弟也者，其为仁之本与!"

[释义]

有子说："有个人孝顺自己的父母、尊敬自己的兄长、爱护自己的弟弟，要是这样的人会冒犯上级，这种事情会罕见；不会冒犯上级，但是会造反，这种人从来没有过。君子专心致志地打好基础工作，夯实自己的根本，根本巩固了，'道'就自发地生发出来。孝敬父母、友爱兄弟，这就是'仁'的根本吧。"

[智慧]

有子，即有若，是孔子晚年非常看重的弟子。在整部《论语》中，除了孔子，被称为"子"的弟子非常有限，只有曾子（曾参）、有子（有若）、冉子（冉有）、闵子（闵子骞），其他的弟子都以字来称呼。当然也有论述说，这是因为《论语》集合了孔子及其弟子的言论，被后世弟子汇总而成，这些后世弟子，就有有若的弟子，他们出于尊重孔夫子和自己的嫡传老师有若，所以将有若之言记录为"有子曰"。

"弟"通"悌"，友爱之意。

"仁"是孔子乃至整个儒学的根本。什么是仁？仁者人矣。"仁"就是"人"，会做人了就达到了"仁"的境界。但是此处之"人"不只是先天之形，更有后天之神。也就是说，不是生出个人的样子就是人了，要通过学习让自己做一个符合儒家之道的人，也就是外在是"人"

形，内在有仁心。那么仁心又是什么呢？孔子认为家庭伦理关系是整个社会的根基，只有家庭伦理关系理顺了，社会关系才会和谐。而家庭伦理关系的基础就是"孝"和"悌"，即孝顺自己的父母、友爱自己的兄弟姐妹。这就是仁心，有了这个仁心，内在也是人了。外形与内在相合，这才是一个真正的人。人的公式是：人=外形是人+孝顺父母+友爱兄弟姐妹。

1.3

[原文]

子曰："巧言令色，鲜矣仁！"

[释义]

孔子说："花言巧语，满脸谄笑，这样的人几乎没有仁道。"

[智慧]

"巧言"，就是能说会道；"令色"，就是根据需要变脸。我们身边都有这样的人，很会说话，能让所有人或者所有对他有用的人都很舒服；很会做人，面面俱到，滴水不漏，让所有对他有用的人都感到很愉快。但是这样的人就缺一样：真诚。因为他不是在做他自己。他用言语和行为取悦别人，甚至不惜伪装和掩饰自己，他对他所曲意逢迎之人有所求，或求名或求利。这样的人，谈不上什么仁义道德。

做人做事，基本的标准应该是真诚。但是，有的人在交往之前，总会先想一下某某是什么社会地位和角色，有何等社会关系，"有没有用"，"能不能办事"，其实这叫"交际"，不能叫"交往"。

礼尚往来，讲求的是平等、真诚，若不能，不妨直抒胸臆，明示所求何事，筹码几何，即使讨价还价，也算是明码标价的买卖而已。假交往之虚名，行商贾之实情，彼此欺瞒、虚与委蛇、身心疲惫、伤神费力，有违真诚。

1.4

[原文]

曾子曰："吾日三省吾身：为人谋而不忠乎？与朋友交而不信乎？传不习乎？"

[释义]

曾子说："我每天都多次反省自己：为别人办事情是否尽心竭力？和朋友交往是否诚信？老师传授的知识是否温习了？"

[智慧]

曾子，即曾参，字子舆。

从孔子到孟子的师道传承关系是这样的：孔子的学生曾子，曾子的学生子思，子思是孔子的亲孙子，子思的学生是孟子。

孔子的后世弟子将孔子和他弟子的言行汇编成了《论语》，孟子和他的弟子作《孟子》，曾子作《大学》，子思作《中庸》，南宋朱熹将上述四本书汇总在一起，称作"四书"。孔子编撰汇编《诗经》《尚书》《礼记》《周易》《春秋》，即"五经"，另有一部《乐经》遗失了，否则就是"六经"了。儒家经典就是"四书五经"。

"省"，即"醒"，反省、内省之意。宋元之际有一位史学家，叫胡三省，他所注音注释的《资治通鉴》是公认的最佳版本。他的名字即取自曾子此言。

曾子的这"三省"，属于儒家的"慎独"功夫，就是自己监督自己，提升自我。真正儒家的思想，贯彻起来都是不靠别人监督的，而是自己逼着自己按照仁义道德的标准去思考去行事，然后形成习惯。

让自己每天都能向圣人的标准更近一点，不是一定要做圣人，更不是做不成圣人就不是人了。接近圣人标准的修炼方法，按照曾子所说，就是这"三省"的功夫。

1.5

[原文]

子曰："道千乘之国，敬事而信，节用而爱人，使民以时。"

[释义]

孔子说："治理有着千辆兵车的国家，必须严肃认真对待工作，诚实无欺，节省不必要的开支，爱护他人，役使百姓要在农闲之时。"

[智慧]

春秋时期马拉着战车，称为"乘"。"千乘之国"，就是军事大国了，自然国土面积大，人多，官也多。怎么治理？就是做事要讲规矩，待人要真诚可信，还要学会节约费用，特别是君主要以身作则，带动全国节约之风气。

在以农业为本的时代，农时非常重要。让老百姓出劳役可以，但是一定要在农闲时，否则耽误了农业耕种或收成，不只是百姓会饿死，君主也要饿肚子。古人特别重视"春生、夏长、秋收、冬藏"的规律，人的行动要符合天时，不能逆天而为。

1.6

[原文]

子曰："弟子入则孝，出则弟，谨而信，泛爱众，而亲仁。行有余力，则以学文。"

[释义]

孔子说："后生小子，在家的时候孝顺父母，离开父母的家，友爱兄弟姐妹，要谨慎，少说没用的话，但是说了话就要有信用，对待芸芸众生有爱护之心，亲近那些有仁德的人。这样实践之后，还有剩余的精力，就去学习文献。"

[智慧]

和父母在一起，就要孝顺父母；没有和父母在一起，对兄弟姐妹友爱和善。这是做人的根本，前面已阐述。

说话少不一定是优点，但是少说废话肯定是优点。人要学会说话：哪些话该说，哪些话不能说；说话既要真诚，又要有水平，还要照顾到听话者的感受。这个分寸太难了。怎么办呢？少说话，说了就要做到，言而有信。废话、气话、大话，脑子热的时候冲到了嘴边，还能咽回去，坚决不说出来，就做到"谨"了。

"泛爱众"，是一种以平常心待天下人的态度，就是对所有人都同样有礼貌、有涵养。我约束的是我自己，怎么对待别人是我的慎独功夫使然，我对待任何人都以诚相待，按照礼仪来交往。

墨子主张平等对待天下所有人，爱所有人，孟子批判说这是禽兽思想。人怎么可能爱自己的父亲和所有人的父亲是一样的感情呢？除非是禽兽，没有人的亲情感受。应该由近及远，老吾老以及人之老，幼吾幼以及人之幼，爱身边的人胜过爱陌生人。这是儒家与墨家的不同。

谁是仁义道德的高人，我就要亲近他、学习他。但是谁是仁义道德的高人呢？这是识人的问题，有难度，有风险。得之我愿，失之我命。

可以看到，孔子教育后生的顺序，不是先读书，而是先做人。做好了人，还有精力再去读书。如果精力不够呢，那就先做人。比读书更重要的是做人。做人要想不跑偏，就得读书。二者相辅相成。

<h1 style="text-align:center">1.7</h1>

[原文]

子夏曰："贤贤易色；事父母，能竭其力；事君，能致其身；与朋友交，言而有信。虽曰未学，吾必谓之学矣。"

[释义]

子夏曰："尊敬贤者，首先看重的是贤德，其次才是容貌；侍奉父母，能尽心竭力，对待君主，能全心投入；和朋友交往，说话一定诚实守信。这样的人，虽然有人说他没有系统地学习过，但我仍然觉得他是学过且有学问的人了。"

[智慧]

子夏，孔子的弟子之一。

"贤贤"，就是重视贤良这种品格。男人选择妻子，就要重视她的贤良品质，超过对她容貌的重视程度。品德好，这是一个家庭或者家族赖以长久生存的根本。

因此，家有男孩，要教会孩子怎么选择自己的配偶，脸蛋和身材是一时的，心灵相通才是一世的；家有女孩，要教会孩子有容貌更要有心，即诚心、善心、同理心。

能从家庭长远发展角度选择配偶，不为一时色欲冲昏头脑；用心善待父母；爱岗敬业，做好本职工作；跟朋友交往，言而有信。这样的人，即便没有高文凭、没有各种证书，也是有大学问的人。

对"贤贤易色"还有一种解释，即看见贤良的人，马上更改自己的面部表情，表示出尊重和严肃的态度。大家可以自己理解一下。

我们看小说或者是电视剧，经常看到某位将军带兵出征之前，跟自己年迈的老母亲说：儿忠孝不能两全，请母亲保重。然后老太太坚毅地说：儿啊，不要惦记为娘，你放心去吧。实际上，正史是这么记载的：那些大官、将军年少的时候孝顺自己父母，做官之后忠诚于皇帝，父母故去后，立刻放下高官厚禄回家守孝，即使被赐官也坚决推辞。这叫什么呢？忠臣必出孝子之门。在古代，孝不孝顺父母，这是衡量所有人的一把尺子。

子夏认为，什么人是有学问的？不是看过多少书，而是孝敬父母、忠诚于君主、对朋友诚信。这也是孔子的思想。

1.8

[原文]

子曰："君子不重，则不威，学则不固。主忠信。无友不如己者。过则勿惮改。"

[释义]

孔子说："君子不庄重，就没有威严的仪表；如果学习了，就不致孤陋无知。做事情，以忠诚、信用为根本。和比自己强的人交朋友。有了错误，不害怕承认错误，更不害怕改正错误。"

[智慧]

不重不威，这个"威"，不是威风和架子，而是严肃认真的态度。这句话不是说做君子要不苟言笑，整天绷着脸。有个小职位，就对待下属颐指气使，绝对不是这个意思。孔子可不会教人色厉内荏这一套。

我以为，不重不威，是做人做事的仪式感。做什么事情，都要认真，都像是有一套仪式，需要严肃对待。你重视每一件事情，那么你自然就显示出一种威仪，就是那种全神投入、专注做事的样子。其实无论什么人，专注的样子都会一样迷人，一样让别人肃然起敬。

有了严肃认真的态度，学到的知识就会得以巩固。为什么呢？因为你认真啊。学生时代，上课始终认真听讲的孩子会被那些十分钟听明白然后搞小动作的孩子认为傻，走向社会之后再看看，就是这些当年的"傻孩子"，在干大事情。国家要发展，民族要强盛，要靠那些兢兢业业、认认真真、一丝不苟地做好自己本分的"傻孩子"。不用学习就能成大才的故事，可以听，不要信。踏踏实实认真对待每一件事情，才是我辈能有些许成就之根本。

1.9

[原文]

曾子曰："慎终追远，民德归厚矣。"

[释义]

曾子曰:"慎重对待长辈的后事,恭敬追念远代祖先,老百姓的品行便归于忠厚老实了。"

[智慧]

孝道有始有终。长辈在,诚信孝敬,尽力奉养;长辈故去,庄重尽哀礼,尽后代本分。这就是"生尽孝,死尽哀"。虽然我们没有见过远代之前的祖先,但是我们从民族、家族传承中知道远代祖先的历史,知道他们曾经存在,为我们的民族、家族之存续付出过、奉献过,我们后世子孙要追忆他们、敬奉他们、尊重他们。我们要孝顺父母,恭敬真诚地奉养父母,知道我们民族、家族从哪里来,对远代祖先有尊重、崇敬之心,民风自然淳朴。一句话,做人不能忘本。

孝道是会遗传的。你孝顺你的父母,你的子女也会孝顺你,子女的子女也会孝顺你的子女,家道传承,间阎成风。

1.10

[原文]

子禽问于子贡曰:"夫子至于是邦也,必闻其政,求之与?抑与之与?"子贡曰:"夫子温、良、恭、俭、让以得之。夫子之求之也,其诸异乎人之求之与?"

[释义]

子禽问子贡:"夫子到一个国家,一定要了解该国的政事,这是主动去问的呢,还是这个国家的当政者主动告诉夫子的呢?"子贡说:"夫子以温和、善良、严肃、节俭、谦逊的态度获得各个国家的政事情况。夫子获得这些信息的方式，和其他人获得这些信息的方式，还是有差别的吧。"

[智慧]

陈亢，字子禽。《论语》第十六中，陈亢问孔子的儿子孔鲤，孔子怎么教育孩子，似乎在侧面打听了解孔子的言行。《史记·仲尼弟子列传》中没有陈亢为孔子学生的记录。但是郑玄注《论语》说，子禽是孔子的弟子，存疑。

端木赐，字子贡，孔子的弟子。子贡善于游说诸侯，精通做生意，还特别尊师重道，孔子晚年的花销主要是子贡提供的。《吴越春秋》这部书里记载了子贡的事迹。

在《论语》里，"子"特指孔子，"夫子"非经特别标注，也是指孔子。

温、良、恭、俭、让，五个字分别解释，没什么难懂的，但是连在一起，就显示出一个人的涵养。一个人温和而善良，对待别人彬彬有礼，自身节俭淳朴，处事低调谦逊，听起来简单，真正做到了，可不就是圣人嘛。所以，圣人之道，就是看起来、听起来挺简单的，但是始终如一能做到，特别是在没人监督、别人不知道的时候也能这样做，实在太难了的那种道理。

对于大多数人来说，某一时某一刻做到"温良恭俭让"，坚持一段时间，或反复做，也算是向圣人靠拢，也不枉圣人的良苦用心了。

1.11

[原文]

子曰："父在，观其志；父没，观其行；三年无改于父之道，可谓孝矣。"

[释义]

孔子说："一个人，父亲在的时候，看这个人的志向；父亲不在的时候，看这个人的行为。如果多年不更改父亲定下的合理规矩和制度，那么就可以说符合孝道了。"

[智慧]

孝道是要延续的。父亲在的时候，孩子听父亲的；父亲不在了，孩子要对父亲定下的规矩继续奉行，至少要三年不更改，表示对父亲的尊重。这样的人就是孝顺的了。

父之道，不一定是规章制度、典籍文献。毕竟做一个普通的人，做一个平凡的父亲，不是都能有机会留下家训、族规这些足以影响家族后代的文献的。这个"道"通常意义该是什么呢？我觉得是持家、做人的方式和道理，即家风。父母故去没多久，子女就对簿公堂，争家产、分遗产，亲情孝悌都败给了钞票，这就是改了家风，改了父之道，这就是不孝。

还有一个问题，就是如果这个父之道是错误的，怎么办呢？比如这个爹是盗贼，儿子知道不对，那么爹死了，难道还要让儿子再盗窃三年吗？"道"这个字所表现出来的一定是符合天道、符合人道的行为规则。至于"旁门左道""歪门邪道"之"道"，指不符合一般社会价值观的行为，不能归入"道"。如果父亲的行为不符合天道、人道，那么子女是不需要遵照的。

1.12

[原文]

有子曰："礼之用，和为贵。先王之道，斯为美，小大由之。有所不行，知和而和，不以礼节之，亦不可行也。"

[释义]

有子说："礼仪实际应用的时候，要以恰到好处最为重要。古代先王就是这样治理天下的，这种恰到好处的方式就是值得推崇和赞美之所在。知道什么是不能做的，知道什么是恰当的做法而又按照恰当的做法去做事情，小事大事都循此而行；但是这些看起来恰当的做法如果不合乎礼仪和规矩，也是不可行的。"

[智慧]

这段话有点儿绕。核心在"和"字。什么是"和"？我觉得，就是恰到好处、恰当的做法。《中庸》曰："喜怒哀乐之未发谓之中，发而皆中节谓之和。"人的各种情绪都没有，非常平静的状态就叫"中"；各种状态出现了，但是都在适当的范围之内，就叫"和"。"中庸"，其实就是"中和"。所以，"和"是一种从平静之处发生变化，但是各种变化都处在恰当而不过分的状态。

只要举例知道什么是"不和"，自然就知道什么是"和"了。如"乐极生悲"，"乐"在"中"这种状态下发生变化，欢乐、高兴、兴奋、亢奋、无法自已，结果超过了"中"的状态，出现了不应该有的结果"悲"，这就是"不和"的状态。

这段话的核心意思就是：各种规矩的执行，都要以恰到好处、适当为原则，这样整个社会就处于一种和谐的状态。

1.13

[原文]

有子曰："信近于义，言可复也。恭近于礼，远耻辱也。因不失其亲，亦可宗也。"

[释义]

有子说："遵守诺言合乎义，说的话就可以实现；对人尊重合乎礼，就不会受到侮辱；依靠亲近而可以信赖的人，包括亲近姻亲，做事情就比较可靠，值得推崇。"

[智慧]

"义"，宜，合适，恰到好处。这是孔子思想的精髓之一。我们读《论语》会发现，儒家思想是贯通的，朱熹做的最了不起的事情就是把《大学》《中庸》《论语》《孟子》摘出来作为"四书"，成为儒学入门读物。学习儒家思想应该按照这个顺序来学，至少最后看《孟子》。为什么呢？因为孟子所处的时代和孔子不同：孟子处于战国时期，宣称"鱼与熊掌不可兼得"，社会的急剧动荡让思想家偏爱极端；而孔子处于春秋末期，思想讲求的是恰当、合适、适度，而不追求绝对。子思《中庸》处处体现了孔子的"中和"思想。孔子跟学生讲仁恕之道，不追求极端，即便是"朝闻道，夕死可矣"也只是比喻一种追求学习的境界，并不是真的让学生为了学到"道"而去玩命。读《论语》，就会感受到孔子和他嫡传弟子处于乱世之中，虽然有时心急，却形神不乱，显得从容，这种状态把他们的思想传播得很远，超越一个群体的生命极限。

只有一心要在自己的生命限度内完成什么大业的人，才会很着急、很极端。不能说不好，因为社会的发展、人类的演进，有时需要这样的英雄。但是对于普通人来说，凡事不要太着急，更不要走极端，否则只会让自己感到痛苦。

"因"，借助，或姻亲，意思就是依靠自己信得过的亲近的人，做事就有把握了。儒家思想对人是有亲疏远近的。作为普通人，我们可以亲近身边的人，但是让我们对陌生的人乃至于敌人表示亲近，太难了。作为普通人，从爱自己家人、爱自己身边的人开始，慢慢爱这个世界吧。

1.14

[原文]

子曰："君子食无求饱，居无求安，敏于事而慎于言，就有道而正焉，可谓好学也已。"

[释义]

孔子说："君子吃饭不一定非要关注能不能吃饱，居住的环境也不专注于一定很舒适，做事情认真而勤敏，但是说话要谨慎而小心，与道德品行高尚的人一起相处，像照镜子一样对比自己的不足，加以修正，这样可以说好学了。"

[智慧]

孔子不是说作为君子除了专注做事，向有道德的人学习以外，不能吃得饱、住得好，不是这个意思，儒家不是教人做苦行僧。孔子的这段话，是说如果想成为好学的君子，那么就要勤勉做事、慎于言辞、向有道之人学习求教，不要把心思放在吃得多好、住得多好这些事情上面。如果能吃得很好、住得很好，还能好学，那当然更好了。孔子欣赏安贫乐道的颜回，是因为颜回本来就穷，但是孔子不刻意让自己贫穷。孔子并不是让富有的人抛弃财富，然后安贫乐道，那就太刻意而为之了。

专注于学习，勤勉做事情，是什么生活条件就享受或者忍受什么生活条件，就可以了。而且努力赚钱让自己和家人的生活变得更好，也是勤勉做事的一种。学习《论语》，不走极端，不要嫌贫，不必仇富。

《论语》第十说"食不厌精，脍不厌细"，我们就能看到在有条件的情况下，孔子也讲究生活质量的。真正的高人，既能讲究，也能将就。

1.15

[原文]

子贡曰："贫而无谄，富而无骄，何如？"子曰："可也。未若贫而乐，富而好礼者也。"子贡曰："《诗》云：'如切如磋，如琢如磨。'其斯之谓与？"子曰："赐也，始可与言《诗》已矣，告诸往而知来者。"

[释义]

子贡说："贫穷而不谄媚，富有而不骄傲，这种人怎么样呢？"孔子说："可以了。但是还不如贫穷而能让自己保持快乐的心态，富有而和别人交往能恪守礼仪。"子贡说："《诗经》说，君子就要像雕刻骨、角、象牙、玉石一样，切料、制模、雕琢、磨光。是这个意思吗？"孔子说："端木赐啊，现在可以和你一起讨论《诗经》了，跟你说了过往的，你就能推知未来的了。"

[智慧]

此段内涵同前段：贫穷也好、富有也罢，或者是天生使然，或者是性格使然，或者是奋斗使然，贫富都没有对错之分，有区别的只是面对贫穷或者富有的态度。只要态度正确，或贫或富都不是罪过。孔子不会教人去追求贫穷。安贫乐道的前提是这个人本来就贫穷。刻意散尽千金，从富可敌国到一贫如洗，并非儒家之道。

我们从这个对话中看到一个词语，子贡说的"何如"，就是"怎么样"。我们脑补一下这个场景：学生说完了"贫而无谄，富而无骄"之后，很得意，嘴角上扬，乐呵呵对老师说"怎么样"，潜台词就是"我还行吧""我挺厉害吧"。孔子呢，先是打压了一下这个"小得意"的学生，"可也。未若"，就是还可以吧，但是不如怎样怎样。等到子贡引用《诗经》来印证老师的解释，孔子马上就表扬并鼓励学生了。孔子和弟子们讨论问题，很轻松，甚至开个小玩笑，弟子们也不是那么严肃，授课方式很灵活，授课现场很欢快，授课内容很深刻。这样的老师，这样的学生，堪称楷模。

1.16

[原文]

子曰："不患人之不己知，患不知人也。"

[释义]

孔子说："不担心别人不了解我，而是担心我不了解别人。"

[智慧]

南怀瑾先生认为这一句与"人不知而不愠，不亦君子乎"相呼应。我深以为然。总站在自己的角度去看问题，无限制原谅自己对别人的误解，而当别人稍稍误解了自己，立刻就觉得对方是个绝对的坏人，这样做是不对的。

能够包容别人对自己的误解，这是一种大智慧，也是一种大胸怀，说出来容易，做到太难了。唯其太难，勉力为之。

以非常轻松的心态去读《论语》，去感受《论语》，一点儿都不高深，一点儿也不莫测，就是像一位谆谆长者给我们讲做人的道理，理解多少是多少，能做到几个是几个，一切顺其自然，不能较劲。一较劲，就感受不到孔子说的"学而时习之，不亦说乎？"的那种愉悦和欢乐了。

为政第二

2.1

[原文]

子曰:"为政以德,譬如北辰,居其所而众星共之。"

[释义]

孔子说:"实行德政,就像北极星一样,其他的星星都会围绕着它的。"

[智慧]

谁实行德政、仁政,就会有更多的百姓拥护,反之,则失去了百姓的拥护。

2.2

[原文]

子曰:"《诗》三百,一言以蔽之,曰:'思无邪。'"

[释义]

孔子说:"《诗经》三百篇,一句话概括,就是:'思想纯正。'"

[智慧]

《诗经》是春秋时期以及更早期从宫廷到民间诗歌的合集，孔子进行了编修，留下三百零五篇。《诗经》分为风、雅、颂三个部分，简单地说，风就是民间诗歌，雅就是宫廷贵族诗歌，颂就是庄严祭祀的诗歌。孩子们读一读《诗经》，能够培养中国传统汉语言的感觉；成年人心情烦躁的时候也读一读，让身心平和舒缓。

为什么这么有用？孔子讲了，因为思想纯正。不只是思想纯正，还很淳朴，读起来觉得有一种上古时代的淳朴美，很难得。人也是一样，真正的美人，是天然的、不加修饰的，有由内而外散发出来的魅力，让人心动。

孔子整理《诗经》的目的，以及在这一章里写出来的目的，是什么呢？"思无邪"。所以孔子要他的弟子先正心，然后入仕，才能真的造福百姓，普施仁政。

2.3

[原文]

子曰："道之以政，齐之以刑，民免而无耻；道之以德，齐之以礼，有耻且格。"

[释义]

孔子说："以法律来引导，以刑罚来整顿，百姓不敢犯罪但是没有羞耻之心；以道德来引导，以礼仪来规范，百姓养成了羞耻心且欣然来归服。"

[智慧]

"道"就是"导"。

孔子主张以教化民，通过礼义廉耻的教育来感化普通民众。当时中国的法，大多是君主、贵族以及各级官吏惩罚不听话的百姓的规章制度。这种背景与今天的法治时代完全不同。

2.4

[原文]

子曰："吾十有五而志于学，三十而立，四十而不惑，五十而知天命，六十而耳顺，七十而从心所欲，不逾矩。"

[释义]

孔子说："我十五岁就立志于做学问，三十岁小有成就而自立，四十岁掌握了各种知识而不迷惑，五十岁了解了天命，六十岁知微言大义，七十岁的时候，我做什么事情都很自然地顺从我的本心，却从来都不会超越礼仪的范畴。"

[智慧]

十五岁立志于做学问，按照现在的孩子起跑线的标准，太晚了，按照一位圣人的自我修养，随时可以。孔子十五岁时想明白了自己的一生要怎么度过，要专注于什么事情，计划以一生的时间来践行自己的志向。从这个角度看，我们现在大多数人，还是做不到。

有的人在三十岁前后变化很大，四十岁前后变化更大，为什么呢？形成了一些思维定式，很难改变了，无论对错。道理能听懂，能明白，但是改不掉自己的习惯了。三十而立，可以生活先独立：是不是可以自己照顾自己了，甚至是不是可以依靠自己的努力照顾好自己的父母、妻儿，是不是可以独立处理好自己的学业、事业？这是一种独立生存的能力，三十岁要有了。这个时候还对工作挑三拣四，好逸恶劳，赖在家里靠着父母吃喝的人，该反思一下了。

四十不惑，思想成熟且坚定。应该是看山是山，看水是水，如实观照。不能轻易被别人的思想所左右，不能轻易改变自己固有的价值观，更不能轻易改变自己一直坚持的志向。很多人这个年龄会犯一些很幼稚的错误，为什么呢？就是因为思想不坚定，被名和利蒙蔽了自己的心。

五十知天命，即知道做什么事情都要符合自然的规律。现在社会信息如此发达，我们已经不需要到五十岁才能明白很多自然的规律了。可是，明白不等于能做到，很多人做不到按照自然规律生活，身体生病是必然的。

六十耳顺，该听的听，不该听、不想听的就不听，不生闲气。普通人到了六十岁，拼搏了几十年，该休息了，身心都需要调养了。这个时候很多人就觉得看什么都不顺眼，听什么都感到在影射自己，搞得家庭关系紧张。怎么办呢？有些话觉得不喜欢，就当听不着，有些事看不惯，扭头出去，不说不管，假装没看到。这样自己心里也舒服。

是不是七十岁了，想干什么干什么，法律管不了，道德约束不了，肆无忌惮了呢？当然不是，不能为老不尊嘛。七十岁的时候，早已经是一个行为举止合乎道德规范的人了，什么该做什么不该做早就成习惯了，所以无论怎么做，都不会超越礼法，就是"不逾矩"。一个人持之以恒地进行自我修养，到了习惯成自然的时候，就是随心所欲了。

这段话，其实可以看作是孔子一生的自述，也可以看作是孔子对每一个年龄段的人应该做到什么样子、有什么样的人生和思想状态提出的通行标准。

2.5

[原文]

孟懿子问孝。子曰："无违。"樊迟御，子告之曰："孟孙问孝于我，我对曰，无违。"樊迟曰："何谓也?"子曰："生，事之以礼；死，葬之以礼，祭之以礼。"

[释义]

孟懿子问什么是孝。孔子说："不要违背礼仪。"樊迟给孔子驾车，孔子对樊迟说："孟孙问我什么是孝，我对他说，不要违背礼仪。"樊迟问："什么意思呢?"孔子说："父母在的时候，按照礼仪孝敬父母；去世了，按照礼仪进行安葬和祭祀。"

[智慧]

孟懿子，是把持鲁国朝政的三家大夫之一。

樊迟，孔子的弟子，字子迟。

对待父母，无论是否在世，都要用心。有心，这就是孝。对于每个人来说，别人对我们是否真心友善，我们是能感知得到的。子女对父母是否真的用心，父母当然也能感觉得到，所以用心对父母最重要。不需要物质上的攀比，量力而行，用心即可。古话："百善孝为先，原心不原迹，原迹贫门无孝子；万恶淫为首，论迹不论心，论心世上少完人。"

2.6

[原文]

孟武伯问孝。子曰："父母唯其疾之忧。"

[释义]

孟武伯问孔子什么是孝。孔子说:"父母就是担心孩子生病。"

[智慧]

孟武伯是孟懿子的儿子。父子俩问什么是"孝",孔子因材施教,解释不一样。另有人认为,做子女的,要体会当你生病的时候,父母的那份担忧之心,如果你能体会到了,你就知道怎么孝顺自己的父母了。

《孝经》说:"身体发肤,受之父母,不敢毁伤,孝之始也。立身行道,扬名于后世,以显父母,孝之终也。"所以孝顺父母,要关注父母与自己的健康。

在古汉语里,疾是小毛病,病是大的身体危害,出现器质性病变才叫"病"。比疾更小的毛病,比如只是轻微忧虑而产生身体不适,叫"恙"。

2.7

[原文]

子游问孝。子曰:"今之孝者,是谓能养。至于犬马,皆能有养;不敬,何以别乎?"

[释义]

子游问什么是孝。孔子说:"现在说到孝,大家认为是可以奉养父母。同样对于狗和马都能养着。父母和狗马都能养着,孝顺若不是发自肺腑,又如何区别奉养父母和饲养狗马呢?"

[智慧]

子游，孔子的弟子。

这里孔子开始进一步明确孝的具体做法：要奉养和尊敬。不能只是养活，还要尊敬，当然还有其他的内涵，后面孔子还会讲。

从这个角度来看，每个月给远在家乡的父母邮寄生活费，但是不能时时刻刻在身边陪伴照顾父母，这是何等无奈呢。现实有些时候不能求全责备，真的是身不由己，所以父母的伟大就在于他们对于孩子不能时时刻刻在身边的这种郁闷和苦痛，都可以忍受。

一个人养狗养马，也是养，怎么叫养呢？给它们吃的喝的，让它们满足生存需求，但是并不顾及精神层面的需求。如果养自己的父母，也像养狗养马一样，那还叫什么孝呢？

不能自食其力，不但不赡养父母，还要啃老，难以为孝。

2.8

[原文]

子夏问孝。子曰："色难。有事，弟子服其劳；有酒食，先生馔，曾是以为孝乎？"

[释义]

子夏问什么是孝。孔子说："一直在父母面前保持愉悦的样子最难。有体力劳动的事情，年轻人会出力；有吃有喝的，年长者先享用。难道这就是孝顺吗？"

[智慧]

子女长大了，和父母意见不合，非常正常；能在意见不合的时候，保持态度平和，这就是孝。心里真的在意父母，一定会在面对父母的时候有愉悦的态度。

与奉养和尊敬的道理一样，除了代为做体力劳动的事情、给父母好吃好喝的，态度也非常重要。

2.9

[原文]

子曰："吾与回言终日，不违，如愚。退而省其私，亦足以发，回也不愚。"

[释义]

孔子说："我和颜回整天都在讨论，他从来不违背我的意思，好像很愚呆的样子。等到他自己独处的时候，他可以把从我这里得到的知识加以发挥，其实颜回一点儿也不愚呆。"

[智慧]

颜回，字子渊，是孔子得意的弟子。孔子拿颜回当作自己的儿子一样看待。在《论语》后面的篇章里，可以多次看到孔子对颜回的喜爱和赞赏。颜回去世后，孔子感到悲哀。

颜回为什么受到孔子的喜爱呢？他上课的时候认真听讲，而且从来不和老师辩论，近乎木讷；学了以后，他自己能"时习之"，把知识吃透、活学活用，甚至还能举一反三地拓展自己的知识，一点儿都不木讷。

《论语》中的"愚"字，不一定代表贬义，在这里是指一种呆呆的、没有什么反应的样子，不是蠢，更不是傻。后面还会讲到孔子非常欣赏宁武子，对宁武子也有"愚"的评价，那就更是于乱世之中装傻的大智慧了。

2.10

[原文]

子曰："视其所以，观其所由，察其所安。人焉廋哉？人焉廋哉？"

[释义]

孔子说："观察一个人，看他做事情的动机，观察他做事情的方式，考察他怎样安身立命。这样的话，这个人的真实意图怎么能隐藏得了呢？怎么能隐藏得了呢？"

[智慧]

想要和一个人交朋友，想要提拔一个下属，想要和一个人进行合作，都需要考察别人。孔子讲了考察人的方法。

我小的时候，我的父亲也告诉过我怎么观察别人。我父亲说，看一个人值不值得交往，看三点：第一点，这个人对父母好不好；第二点，这个人对家人好不好；第三点，这个人对待他的朋友真诚不真诚。三点都能做到，一定是个值得交往的人，要珍惜这样的朋友。

怎么识人，在古代是一门大学问，有兴趣的可以参考曹魏时期刘邵写的《人物志》。看完了觉得有兴趣，想看看"微言大义"的识人办法，读一下《素书》。《素书》其实就是一篇文章，作者是黄石公，就是从桥上把鞋子扔下去，让张良捡起来，然后让张良早晨起来到桥上等候，把平生所学传给张良的那位老人家。

2.11

[原文]

子曰:"温故而知新,可以为师矣。"

[释义]

孔子说:"复习旧知识,能够领悟到新的知识,这样的人可以做老师了。"

[智慧]

能够学新知识、复习旧知识、引申出更新的知识,就可以教别人了,这就是师道传承的方式。

老师,本来是一个崇高的称谓,要尊重。孔子在这里提出了"为师"的一个标准:能温故而知新。

唐代韩愈提出,不要滥用"老师"的称谓,老师要能传道、授业、解惑。

我个人觉得,"温故",可以多读一些我们的历史,"知其所来,则近道矣",多明白一些中国古代历史,做人会通透很多。孩子可读《上下五千年》,成年人可读吕思勉先生写的《中国通史》,再有兴趣,直接读《资治通鉴》,而从思想的角度审视我们的历史,可以看钱穆先生写的《国史大纲》。

2.12

[原文]

子曰:"君子不器。"

[释义]

孔子说:"君子不像器皿一样只有固定的用途。"

[智慧]

器,就是工具。孔子认为只有一种技能的人,就是被别人加以利用或者指使的一种工具。君子是通才,要通"六艺":礼、乐、射、御、书、数。

春秋时期,专业的手工业技术工作者是不被重视的,孔子希望培养"士",能辅助国君治理政务,所以要进行通才教育,才能为政。

现代社会,分工越来越细,知识技能越来越独立,能做好一个"器",精益求精,已经很不容易了。这需要辩证看待。

2.13

[原文]

子贡问君子。子曰:"先行其言而后从之。"

[释义]

子贡问怎样才能成为君子。孔子说:"先把自己说的话以行动加以实践,然后别人才会跟从你、信服你。"

[智慧]

自己讲的道理,自己先做到,然后让别人跟从自己、听自己的话,这样就是君子了。君子有以身作则的能力和义务。怎么以身作则?就是你讲的道理,你自己能做到,然后要求别人也做到;反过来说,自己做不到,也不要强求别人做到。这就是孔子核心思想之一的"己所不欲，勿施于人"的道理。

2.14

[原文]

子曰："君子周而不比，小人比而不周。"

[释义]

孔子说："君子团结周围的人，但是不会互相勾结；小人互相勾结，但是不会团结周围的人。"

[智慧]

团结和勾结有时候不好分辨，具体情况具体分析。光明正大为了公事、为了集体利益互相联络，就是周，就是团结；为了小集团的利益、为了个人利益或者为了不正当的利益，互相私下串通，就是比，就是勾结。

2.15

[原文]

子曰："学而不思则罔，思而不学则殆。"

[释义]

孔子说："学习而不思考，就会疑惑不解；空想而不学习，就会疲惫而无所得。"

[智慧]

只学习不思考，学到的是一些文字、数字、公式、符号，不会应用，不懂得其中的道理，白费了功夫；会思考，勤动脑，可是没有知识填充，脑子就只能空转，把自己指挥到歪道上去了。

学习和思考都非常重要。既不要当书呆子，只会掉书袋，但是不能通过思考把知识变成自己的；也不要当一个没有文化的聪明人，总会想些歪门邪道的方法，误入歧途。

2.16

[原文]

子曰："攻乎异端，斯害也已。"

[释义]

孔子说："攻击那些不正确的言论，祸害就可以消除了。"

[智慧]

孔子说的异端是什么呢？

我觉得，孔子认为需要攻击的，不是其他学派的学说，而是孔子认为不符合"道"的邪说，就是子不语的"怪、力、乱、神"：太过离奇的事情、暴力的事情、违背宗族礼法上下尊卑秩序的事情、超越五行之外的神仙鬼怪的事情。

孔子曾拜见老子求道，他没有道理去反对老子，何况纵观《论语》，孔子并没有对其他学说有所攻击，也没有阻止学生从其他渠道学习其他知识。孔子广闻博学，没有攻击其他学说。

2.17

[原文]

子曰："由！诲女知之乎！知之为知之，不知为不知，是知也。"

[释义]

孔子说："仲由！教给你关于'知道'的道理！知道就是知道，不知道就是不知道，这就是智慧。"

[智慧]

仲由，孔子的弟子，字子路。

做事，包括学习在内，要持实事求是的态度，不要不懂装懂，不要为了面子装明白。

2.18

[原文]

子张学干禄。子曰："多闻阙疑，慎言其余，则寡尤。多见阙殆，慎行其余，则寡悔。言寡尤，行寡悔，禄在其中矣。"

[释义]

子张向孔子请教如何做官。孔子说："多听，有怀疑之处，加以保留；对其他你认为很有自信的部分，谨慎地表达你的意见，那么就会少了很多错误；多看，有怀疑之处，加以保留；对其他你认为很有把握的部分，谨慎地执行你的想法，那么就会少了很多后悔。说话很少有错误，做事很少会（让自己）后悔，（你追求的）官职俸禄就在当中了。"

[智慧]

子张，孔子的弟子之一。

子张向老师请教怎么当官。走仕途，为天下苍生谋福祉，这是儒家入世思想的一个重要途径。孔子对待进入仕途这件事情，看不出有后代儒生那么热衷和执着，他主要想通过执政权力推广自己的政治理念，所以自己当官、自己的学生当官或哪个国家的君主按照他的政治理念去治国，他都是欢迎的。对孔子来说，实现克己复礼、天下大同的社会是终极目标，过程与手段不是最重要的。

说话和做事情的时机是很重要的。不只是做官，我们日常工作中、生活中，都会有这样的例子吧。有的人每天很忙，总在埋头苦干，可是总感觉工作做不到位，距离那个合适的"点"老是差一点；有的人生活很认真，可是总把生活搞得一塌糊涂。这里面的原因当然有很多，但是，是否在不恰当的时候、在尚未熟悉的情况下，轻率地表态、冒失地推进了呢？

2.19

[原文]

哀公问曰："何为则民服？"孔子对曰："举直错诸枉，则民服；举枉错诸直，则民不服。"

[释义]

鲁哀公问："怎么做才能让老百姓信服呢？"孔子回答说："把正直的人提拔起来，将他们放在奸佞的人之上，老百姓就信服；把奸佞的人提拔起来，将他们放在正直的人之上，老百姓就不信服。"

[智慧]

服，是信服，而不是仅仅服从。因为古代的君主想让老百姓服从，不一定要通过选择好的官吏来实现。春秋战国混战时期，老百姓哪里有机会发表意见呢？所以，这里的"服"应该是想问怎么能让老百姓真心服从，那么就是信服了。

把正直的人放在领导岗位，领导那些不太正直的人，那么这些不太正直的人自然会收敛他们的本性，认真履行职责，老百姓的日子好过了，自然会信服；反之，把奸佞之人提拔起来了，去领导那些正直的人，那么这些正直的人就没有机会发挥自己的正直本性，老百姓的日子不好过了，自然就不信服。这是孔子跟鲁国的国君讲的怎么用人的道理。

2.20

[原文]

季康子问："使民敬、忠以劝，如之何？"子曰："临之以庄，则敬；孝慈，则忠；举善而教不能，则劝。"

[释义]

季康子问："想让百姓勤勉认真、忠诚竭力，彼此之间互相勉励，怎么能做到呢？"孔子说："你面对百姓的时候严肃庄重，百姓就会勤勉认真；你孝顺长辈，对待晚辈和后生很慈爱，百姓就会忠诚竭力；你能把做得好的、大家信服的人提拔起来，而对那些做得不好的加以认真教育，百姓就会互相勉励。"

[智慧]

季康子，鲁国实际的掌权者，他问的是如何管理官员和百姓的事情。这番道理的核心，就是以身作则。

孔子重视言传身教，他不会把教师和学生的身份完全学术化，也不会完全割裂开来。孔子主张教师和官员率先垂范，亲自去践行自己讲授的道理和制订的规矩，然后引导学生和百姓按照自己的道理和规矩去学习、做事情。

2.21

[原文]

或谓孔子曰："子奚不为政？"子曰："《书》云：'孝乎惟孝，友于兄弟，施于有政。'是亦为政，奚其为为政？"

[释义]

有人问孔子："您怎么不从政？"孔子说："《尚书》说：'孝顺自己的父母、友爱自己的兄弟，推广开来就是政治啊。'这也是从政，为什么一定要做官才是从政呢？"

[智慧]

"为政"可以理解为当官从政，也可以理解为做正确的事情。"施"有的解释为施行，有的解释为延及，我觉得从"政"的角度理解，解释为"推广"比较顺。

孔子的意思是，孝顺父母、友爱兄弟，如果百姓都这么做，那么庙堂之上"为政"者所做的事情就肯定是"正确"的了，自己不一定非要去当官，做到孝悌就可以了。

做老师做到孔子这份上，也真是太费心了。孔子的核心思想，孝悌、仁恕等，孔子从做人、做事、怎么做官、怎么做君主，各个维度反复论述，生怕自己的学生不能完整地掌握，这样的老师确实是千古罕见了。

2.22

[原文]

子曰："人而无信，不知其可也。大车无輗，小车无軏，其何以行之哉？"

[释义]

孔子说："做人不讲诚信，这怎么可以呢？大车没有輗，小车没有軏，如何能驱动？"

[智慧]

古代用牛或者马拉车的时候，要把牲口拴在车上，用来拴牲口的车前的那根横木，大车叫"鬲"，小车叫"衡"，輗和軏分别是鬲和衡上面的关键部件。如果没有这两个部件，大车小车都不能拴住牲口，车也就不能行走了。

驾车，拴牲口是关键；做人，诚信是根本。

2.23

[原文]

子张问："十世可知也？"子曰："殷因于夏礼，所损益，可知也；

周因于殷礼，所损益，可知也。其或继周者，虽百世，可知也。"

[释义]

子张问："今后十代的事情可以知道吗？"孔子说："商继承夏的礼仪，有所增减，可以知道；周继承商的礼仪，有所增减，可以知道。以后或者有承继周的王朝，即便是百世之后，也是可以知道的。"

[智慧]

中国古代以三十年为一世。这里的"十世""百世"都虚指时间长。

搞文物收藏的人，知道一个术语叫"流转有序"，就是这个物件从哪里最早被发现，被谁收藏了，怎么拍卖流转到谁的手里，这样一路下来到如今，每一个阶段都有记录有证明，表明这个物件流转的顺序。

历史更是如此。人类历史因为有了文字、各个时期的物品甚至于图画等等，让历史一路传承下来，但是历史的传承比某一个物件的传承复杂得多，其间有太多的事件改变历史或者毁坏历史记录。中国历史是我们中国人的骄傲，更是全人类都应该加以呵护保存的世界文明宝藏。

2.24

[原文]

子曰："非其鬼而祭之，谄也。见义不为，无勇也。"

[释义]

孔子说："祭祀不该祭祀的鬼神，是谄媚；看到应该做的事情而不做，是懦弱。"

[智慧]

"夏尚忠，殷尚质，周尚文。"夏朝崇尚忠义，周朝崇尚以礼仪化育天下，而殷商崇尚质朴，当然也崇尚祭祀，用什么祭祀呢，一般用战俘，所以殷商时期崇尚鬼神文化。孔子虽然是殷商后人，但是他本人崇尚周朝的礼仪文化，所以他曾经说"周监于二代，郁郁乎文哉，吾从周"，也就是说周朝的礼仪制度来源于夏、商两朝，丰富多样，孔子倾向于周朝的礼仪制度。

孔子主张依据礼法正常地祭祀，不要去祭祀跟自己无关的鬼神。对人不要谄媚，对鬼神一样要真诚，不要谄媚。

八佾第三

3.1

[原文]

孔子谓季氏："八佾舞于庭，是可忍也，孰不可忍也？"

[释义]

孔子评价季氏："季氏居然敢在大庭广众之下享用八佾的舞蹈，如果这都可以忍，那还有什么是不可以忍的？"

[智慧]

八佾，古代奏乐舞蹈，八个人为一行，一行为一佾，根据周礼，天子用八佾，诸侯用六佾，士大夫用四佾。季氏是鲁国士大夫，按照礼仪应该用四佾，可是季氏居然用八佾之舞。

孔子极其看重礼仪。君君、臣臣、父父、子子，孔子认为这种伦理秩序是整个社会稳定的基础，所以其追求的终极目标就是"克己复礼"。季氏敢如此僭越天子礼仪，孔子肯定气坏了。

3.2

[原文]

三家者以《雍》彻。子曰："'相维辟公，天子穆穆'，奚取于三家之堂？"

[释义]

鲁国三桓在祭祀他们的祖先时，以《雍》这首诗作为撤除祭祀品的伴唱，用天子的礼。孔子说："《雍》所言：'助祭的是诸侯，天子庄严肃穆地主持祭祀礼仪。'这两句话如何能够用在三家的庙堂之上呢？"

[智慧]

《雍》出自《诗经·周颂》。"颂"属于宫廷祭祀用的诗，按照礼仪，士大夫无资格使用。

"三家"即鲁国"三桓"，鲁庄公继位的时候，他还有三位弟弟，也就是鲁桓公的另外三个儿子，他们分别是庆父、叔牙、季友。鲁国的国政逐渐由国君转到"三桓"的手中，并最终架空了鲁国国君。孔子曾经想要清除"三桓"的势力，还政于国君，但是最终失败。

3.3

[原文]

子曰："人而不仁，如礼何？人而不仁，如乐何？"

[释义]

孔子说："做人却没有做到仁德，那么能用礼做什么呢？做人却没有做到仁德，那么能用乐做什么呢？"

[智慧]

礼与乐，是孔子极其重视的实现复礼的重要手段。可是实现复礼的前提是人具有仁德，也就是具备孝悌之心与行。如果做人缺少孝悌，那么这个人就不足以称之为仁德，那么礼乐就没有用处了。

礼仪也好，音乐也好，都只是工具。不同的人使用会有不同的效果。中国流传的《韶》乐，传说是舜帝时期的音乐，所以大家都觉得这是好的音乐，甚至于传说中的"有凤来仪"就是听着《韶》乐发生的，就是舜帝的德政感动了上天，也感动了凤等有灵性的飞禽，因此在《韶》乐演奏之时，凤凰带着很多鸟在树上翩翩起舞。

3.4

[原文]

林放问礼之本。子曰："大哉问！礼，与其奢也，宁俭；丧，与其易也，宁戚。"

[释义]

林放问礼的本质。孔子说："这是个大问题！礼，与其铺张奢侈，宁肯简单节约；丧礼，与其强忍悲痛，各种礼仪都复杂周到，宁可大放悲声。"

[智慧]

林放，鲁国人。

对于孔子来说，礼仪的根本在于实行礼仪的化民作用，而不在于形式。内容大于形式。克己复礼，在心，在日常，不在那一时一刻炫耀。

孝顺是做给自己爹妈和让自己儿女看的，不需要和别人比花了多少钱，而是要用心，量力而为，那就是孝了。与其搞得很奢华，让自己的父母都难以承受，不如简简单单让父母觉得舒服就好。丧礼，与其搞得风光奢侈，宁可大放悲声。

孝顺父母是付出吗？其实是收获，父母健在让我们去孝顺，那是老天爷赐给我们的福报。

3.5

[原文]

子曰："夷狄之有君，不如诸夏之亡也。"

[释义]

孔子说："文化落后的国家即便有君主，还不如中国没有君主呢。"

[智慧]

古时"东夷、西戎、南蛮、北狄"，形容中原以外四方的落后区域。

现今，中国区域广大，民族众多，就整体而言均可以称为华夏，不分彼此。

3.6

[原文]

季氏旅于泰山。子谓冉有曰："女弗能救与？"对曰："不能。"子曰："呜呼！曾谓泰山不如林放乎？"

[释义]

季氏要祭祀泰山。孔子对冉有说："你不能阻止吗？"冉有答："不能。"孔子说："哎呀！难道泰山之神还不如林放懂礼吗？"

[智慧]

冉有，孔子弟子，冉求，字子有。

此时冉有是季氏的家臣，所以孔子先问冉有你能不能阻止季氏祭祀泰山，可是冉有说他做不到。虽然冉有肯定也不满意季氏去泰山，但是他作为家臣没有办法。这里用了"旅"这个字，可是季氏肯定不是去泰山旅游的，而是去求神，他去泰山求神干什么？肯定是求超过他身份应该获得的荣誉利益。

林放曾向孔子请教什么是礼，说明林放是一个懂礼、追求礼的人，孔子说，既然作为家臣的冉有不能阻止季氏非分之想，那么只能寄希望于泰山之神不会同意季氏的妄想了。难道泰山之神还不如林放懂礼吗？

祭祀泰山，是古代君主才能做的祭天大礼，而且还得是有德行的太平盛世的君主，比如帝尧。孔子对于季氏僭越天子之礼非常反感和愤怒。当然，同冉有一样，孔子懂得礼，但是无能为力。

3.7

[原文]

子曰："君子无所争。必也射乎！揖让而升，下而饮。其争也君子。"

[释义]

孔子说："君子没有什么可以争的，如果有的话，那就是比赛射箭吧。登上射箭比赛台的时候，互相拱手作揖而上，比赛结束，下了比赛台，就一起饮酒。这种竞争也是君子之争了。"

[智慧]

还是礼仪的问题，孔子不厌其烦地从各个角度讲述礼仪的重要性。

孔子讲君子有六艺：礼、乐、射、御、书、数，其中的"射"是指君子要懂得射箭的技术，不过这个射箭不一定是在战场上实战的射箭，而是更多地注重一种竞技能力，这种竞技有表演的性质。双方抱拳拱手互相致敬，然后登到高台之上进行射箭比赛。为什么要在高台上？方便大家观看，所以说有表演的性质。无论胜负如何，下了高台，互相举杯致意。这就是君子之争。风度比结果更重要。

3.8

[原文]

子夏问曰："'巧笑倩兮，美目盼兮，素以为绚兮。'何谓也？"子曰："绘事后素。"曰："礼后乎？"子曰："起予者商也！始可与言《诗》已矣。"

[释义]

子夏问："《诗经》里写：'笑眯眯的脸真好看，漂亮的大眼睛好妩媚啊，像洁白的画布上画着美丽绚烂的鲜花啊。'这几句什么意思呢？"孔子说："先有白色的底子，然后在上面绘画。"子夏接着问："那么说礼仪是在（仁德）之后产生的吗？"孔子说："卜商啊，你真的可以启发我啊！现在可以和你一起讨论《诗经》了。"

[智慧]

这段话通过讨论《诗经》，提出先有仁德，然后才能有礼仪。

绘事后素，就是在一张白纸上画画，画满了以后才感觉到还是素色好看。素色，可能是一张白纸本来的样子，也可能是绘画留白的样子，还可能是用白色勾勒。总之，比整张白纸都被各种绚丽的色彩铺满要好。

纸上留白，是画家的品位；生活留白，是人生的艺术。

3.9

[原文]

子曰："夏礼，吾能言之，杞不足征也；殷礼，吾能言之，宋不足征也。文献不足故也。足，则吾能征之矣。"

[释义]

孔子说："夏朝的礼仪，我可以讲出来，杞国不足以证实；商朝的礼仪，我可以讲出来，宋国不足以做证。这是两国的典籍和贤人不够的原因啊，如果够，我就能引以为证了。"

[智慧]

西周初年，周武王将夏朝后裔封在杞国；宋国国君是殷商后裔，但是百姓都是周朝百姓；另外一个卫国，就是武王的弟弟康叔封做国君，周朝王族做国君，百姓都是前朝殷商的遗老遗少。

我们的传统文化，一直到两汉时期，都有一个概念，叫"兴灭继绝"，就是不要让曾经的朝代彻底灭种，要让他们的后裔可以有一个封地，继续祭祀他们的祖先。

周武王分封诸侯，其中很大一部分是前朝后裔，比如颛顼后裔封在楚，少昊后裔封在莒，尧帝后裔封在蓟，舜帝后裔封在陈，夏朝后裔封在杞。所以从周武王分封可以知道，五帝、夏朝是真实存在的。

3.10

[原文]

子曰："禘自既灌而往者，吾不欲观之矣。"

[释义]

孔子说："禘祭的礼仪，从献酒之后，我就不想看了。"

[智慧]

禘祭，是古代君主祭天的大礼，只有君主可以举行。在极其讲究礼法的周朝，因为周公辅政的大德，周成王特别允许周公也可以举行禘祭大典，周公的封地在鲁国，只是由于周公辅政，所以一直待在周天子身边，由他的儿子伯禽到鲁国赴任，成为实际上的第一任鲁国国君。后来鲁国的历代国君也就沿用了这个特权，举行禘祭大典了。灌，就是禘祭典礼中向祖先献酒的礼仪。

古代的帝王举行的禘祭典礼是极其隆重的，帝王要沐浴更衣，斋戒三天或者七天，这期间有很多讲究，比如帝王要自己睡觉，吃的东西也会很朴素简单，沐浴要精心虔诚等等，以此来表示对天的无限尊崇和敬畏。

为什么孔子不想去看禘祭仪式啊？因为主持仪式的人不真诚，向祖先献酒很敷衍，很着急把仪式的程序走完，孔子觉得毫无诚意的仪式有什么可看的，所以他不想去。

3.11

[原文]

或问禘之说。子曰："不知也，知其说者之于天下也，其如示诸斯乎！"指其掌。

[释义]

有人问禘祭的理论。孔子说："我不了解啊，知道这种理论的人治理天下，就好像把东西放在这里容易吧！"指着他的手掌。

[智慧]

春秋时期及其之前，懂得祭祀天的大礼的人，是可以辅助天子治理天下的。

孔子重视祭祀的仪式，是告诉人们做事情要真诚，对老天爷要真诚，对祖宗要真诚，对自己、对周围的人、对天下人都要真诚。真诚才能做好事情，真诚才能做成事情。

3.12

[原文]

祭如在，祭神如神在。子曰："吾不与祭，如不祭。"

[释义]

祭祀祖先的时候，就好像祖先真的在那里，祭祀神的时候，就好像神真的在那里。孔子说："我如果不能亲自参加祭祀，那就不如不祭祀。"

[智慧]

孔子重视祭祀祖先与神。他认可的祭祀，他一定亲自祭祀，而不是请别人代劳。

3.13

[原文]

王孙贾问曰："与其媚于奥，宁媚于灶，何谓也？"子曰："不然，获罪于天，无所祷也。"

[释义]

王孙贾问："与其巴结奥神，不如巴结灶神，这是什么意思呢？"孔子说："不是这样的。如果得罪了上天，祈祷也没用。"

[智慧]

古人认为，在房屋西南角有奥神，做饭的灶台处有灶神。

传说灶王爷每年腊月二十三要上天庭汇报工作，老百姓就在这一天用灶糖祭祀灶王爷，让他老人家上天言好事。卫灵公的大臣王孙贾问孔子：是不是与其祭祀家中的神，不如祭祀可以上天跟老天爷汇报工作的神呢？

孔子答复：祭祀的前提是人要做好事，不做坏事。如果人做了坏事，犯了天条，那么老天爷是要惩罚你的，你向哪个神祭祀祈祷都没用。

3.14

[原文]

子曰："周监于二代，郁郁乎文哉！吾从周。"

[释义]

孔子说："周朝的礼仪制度参考了夏、商两代，又有所发展、完善，多么灿烂的文化啊！我遵从周朝的礼仪。"

[智慧]

监，通"鉴"，参考。

有学说认为，夏起源于东夷，商是中原文明的起源，并继承了一部分夏文化，而周朝又继承了夏、商两个朝代的文明。

周朝建立了分封诸侯的封建制度，并建立了政治核心。西周的镐京和东周的洛邑，有明确的宗族礼法制度，让整个社会逐渐建立起一套完整的从上到下的礼仪秩序，其设计之精妙，让后人叹为观止。以周公为代表的周初政治家、思想家，为整个中国文化建立了以宗族为基础、从乡村到城邑的完整的社会架构、道德架构、文化架构等等，并且在春秋战国时期，产生了前所未有的思想大迸发的黄金时代，产生了中华文明灿烂夺目的文化基础，诸子百家奠定了中华文明的基调和格局，并对两千多年的中国产生了持续的影响。

3.15

[原文]

子入太庙，每事问。或曰："孰谓鄹人之子知礼乎？入太庙，每事问。"子闻之，曰："是礼也。"

[释义]

孔子进入太庙，每件事情都要问。有人说："谁说这个鄹人的儿子懂得礼仪呢？进入太庙，他每件事情都要问。"孔子听到了，说："每件事情都问清楚，这就是礼啊。"

[智慧]

依旧是礼仪的记录，但是告诉我们一个道理：有的时候，请教别人也是一种礼，比不懂装懂强多了。

特别是到了外乡、外地、外国，作为一个外人，多向当地人请教当地的风土人情，这也是一种礼仪。而且往往喜欢请教别人的人，并不一定没有文化；反倒是什么都不问别人，看起来似乎什么都懂的人，往往做不成事情。

3.16

[原文]

子曰："射不主皮，为力不同科，古之道也。"

[释义]

孔子说："作为礼的一种进行射箭，不一定要射透皮靶子，因为不同人有不同的力道，只要举行了射箭的礼仪就可以了，这是自古传承下来的规矩。"

[智慧]

射，也是礼的一种。如果是在比武场，那当然是射透靶子的武士获得殊荣，可是在以射箭为礼仪的活动中，就不必显示自己的力量了。

可见，同样的事情，在不同的场合和背景，做法有差异。

3.17

[原文]

子贡欲去告朔之饩羊。子曰："赐也！尔爱其羊，我爱其礼。"

[释义]

子贡想要去掉初一祭祀礼仪所用的那只羊。孔子说："端木赐啊！你舍不得那只羊，我舍不得那种礼。"

[智慧]

子贡关注的是节约成本。古时候祭祀礼仪很多，但是物质没有那么丰富，因此古人都会把最好的物品用来祭祀天地神明和祖宗。太牢用猪、牛、羊来祭祀，少牢一般不用牛，只用羊和猪来祭祀。子贡想要把祭祀用的羊节约下来，而孔子更重视礼仪的完整和规范，也更重视真诚和敬畏。真诚地祭祀祈祷，才会愿意把最好的东西拿来祭祀，而不是随便应付一下，走个过场。这是师徒之间关注点的不同。

3.18

[原文]

子曰："事君尽礼，人以为谄也。"

[释义]

孔子说："对待君主完全按照礼仪规定的去办，别人却以为在谄媚君主。"

[智慧]

孔子生活的时代，距离西周初年已经比较久远了。诸侯彼此征伐，礼崩乐坏，所以已经没有太多人像孔子一样如此重视礼仪并严格按照礼仪行事。所以，真的按照礼仪做事的人，别人以为他在谄媚君主。

3.19

[原文]

定公问："君使臣，臣事君，如之何？"孔子对曰："君使臣以礼，臣事君以忠。"

[释义]

鲁定公问："君主使用臣子，臣子服侍君主，应该怎么样呢？"孔子回答："君主对待臣子按照礼仪来使用，臣子对待君主应该忠心服侍。"

[智慧]

孔子坚持君臣之间以礼为基础，和谐相处。

鲁定公跟孔子请教的是套路问题：怎么能管理好臣子？孔子答复是：国君先要对下属以礼相待。你尊重他，他才会对你忠诚。你对他呼来喝去，把臣子当作奴仆一样，怎么能指望大臣对你尽忠呢？

作为领导，真诚地尊重下属，以礼相待，下属会对你忠心不二、鞍前马后。尊重很多时候比金钱更有凝聚力。

3.20

[原文]

子曰："《关雎》，乐而不淫，哀而不伤。"

[释义]

孔子说："《关雎》这首诗，欢乐但是不放荡，悲哀但是不痛苦。"

[智慧]

《关雎》是《诗经·国风》的第一首诗。《诗经》之诗，真情流露，但是又恰到好处。

3.21

[原文]

哀公问社于宰我。宰我对曰："夏后氏以松，殷人以柏，周人以栗，曰使民战栗。"子闻之，曰："成事不说，遂事不谏，既往不咎。"

[释义]

鲁哀公问宰我社主用木的事情。宰我回答说："夏代用松木，商代用柏木，周代用栗木，意思是使人有所畏惧。"孔子听到了，就说："已经做了的事情就不用再解释，已经完成的事情也不能再挽救，已经过去的事情就不必再追究了。"

[智慧]

宰我，即宰予，字子我，孔子的弟子。

社，就是社坛，祭祀土地神。夏朝祭祀社神用松树，殷商用柏树，周朝用栗树。栗树代表君子的品性，在周朝的时候很受推崇，但是它本身又含有让人害怕、颤抖的意思，所以孔子其实觉得周朝选择栗树稍有不妥。

谁选择栗树的？不知道，估计跑不出文王、武王、周公等人，所以孔子即便对这个选择有些看法，也不会对这些人加以批评。于是他说，过去就算了，不要解读，不要挽救，也不必追究。

其实，执着于过去的成败得失，太无意义了。对于过去，可以总结，但不要纠结。

3.22

[原文]

子曰："管仲之器小哉！"或曰："管仲俭乎？"曰："管氏有三归，官事不摄，焉得俭？""然则管仲知礼乎？"曰："邦君树塞门，管氏亦树塞门。邦君为两君之好，有反坫，管氏亦有反坫。管氏而知礼，孰不知礼？"

[释义]

子曰："管仲的器量很小呢！"有人说："管仲节俭吗？"孔子说："管仲有多处采邑，他手下的官吏从不兼职，这怎么能算节俭呢？"有人又问："那么管仲懂得礼仪吗？"孔子说："齐国的君主在宫门前树立一个照壁，管仲的门前也有照壁。齐国君主在与其他国家君主一起举行宴会的时候，有专门给国君宴会准备的放置酒具的设备，管仲举办的宴会上也有这样的设备。管仲如果懂得礼仪，那么谁不懂呢？"

[智慧]

"三归"，有好几种解释：三处公馆、娶三个国家的女人、三个封邑、大量的府库钱财，其核心是：有超越一般臣子应有的荣华。

管仲，辅助齐桓公成就春秋五霸第一。孔子对管仲在中国历史上维系华夏族正统文化地位的贡献和价值，那是非常认可甚至心怀感恩的，所以有了《论语》中那句名言："微管仲，吾其披发左衽矣。"

即便历史功绩高如管仲者，只要不遵守礼法秩序，孔子一样批评！这说明孔子对礼仪的重视程度有多高。

3.23

[原文]

子语鲁大师乐，曰："乐其可知也：始作，翕如也；从之，纯如也，皦如也，绎如也，以成。"

[释义]

孔子向鲁国大乐官讲述欣赏音乐的心得，说："音乐是可以欣赏的：一开始的时候，活泼而热烈；演奏下去，声音和谐，节奏清晰而明亮，旋律绵延不绝，最终演奏完毕。"

[智慧]

孔子很懂音乐。古时候的音乐最讲究的是不同场合、不同季节以哪个音为主，可以影响人的心神。宫、商、角、徵、羽这五个音，很厉害的，专门有一本书讲音乐的乐理，即诗、书、礼、乐、易、春秋六经，乐书失传了，就只剩下了五经。

3.24

[原文]

仪封人请见，曰："君子之至于斯也，吾未尝不得见也。"从者见之。出曰："二三子何患于丧乎？天下之无道也久矣，天将以夫子为木铎。"

[释义]

仪地的守城官员请求见孔子，说："凡是到仪这个地方来的有道德的贤人君子，我没有不和他们见面的。"孔子的随从弟子就安排了这位官员和孔子见面。这位官员见面结束后，对孔子的弟子们说："你们这些人为什么会担心国家丧亡呢？天下没有正道已经很久了，老天选择了夫子作为教化百姓的导师。"

[智慧]

木铎：木头做舌的铜铃。敲木铎代表进行教育。

没有记录孔子和这位驻守仪这个地方的官员谈了什么，这位也算见过不少贤良能人的官员就发出了"天将以夫子为木铎"的赞叹，这和后代那句更著名的"天不生仲尼，万古如长夜"如出一辙。

孔子，既不靠权力，也不靠金钱，更不靠家族，这种靠学识、修养、言谈举止的感染力、亲和力、穿透力，迅速影响别人的能力，何等之强大。这才叫魅力。

3.25

[原文]

子谓《韶》："尽美矣，又尽善也。"谓《武》："尽美矣，未尽善也。"

[释义]

孔子评价《韶》："美极了，好极了。"评价《武》："美极了，但是还不够特别好。"

[智慧]

孔子懂音乐，也很会评价音乐。

我们现在也应该有一些音乐修养，不一定会乐器，懂乐谱之类的专业知识，但是要对美好的音乐有所感觉，就是我们听到美妙的音乐，能否与之相契合，享受音乐之美。

3.26

[原文]

子曰："居上不宽，为礼不敬，临丧不哀，吾何以观之哉？"

[释义]

孔子说："身居高位但是不懂得宽宏大量，举行礼仪的时候不严肃认真，参加丧礼的时候不悲哀，这种人我要怎么看待他呢？"

[智慧]

孔子高度重视礼仪。对不懂得礼仪的人，孔子觉得实在无法与之共事或者交流。

如今，人们常说，生活需要仪式感。如端午节和家人围坐桌前一起吃粽子，每年父母生日要吃蛋糕唱生日歌，春节时一家人聚到一起享受天伦之乐。国家公祭日，我们用庄严肃穆的仪式，祭奠同胞，让后代子孙永远记住历史。即使是现在，仪式感的教育力量仍然是非常强大的。

里仁第四

4.1

[原文]

子曰："里仁为美。择不处仁，焉得知？"

[释义]

孔子说："居住的地方靠近仁德的邻居才是好的。选择居住的地方，却不选择与仁德之人相邻，这怎么能是智慧的选择呢？"

[智慧]

孟母三迁的故事，我们从小就知道："昔孟母，择邻处，子不学，断机杼"，这是《三字经》里教育孩子的内容。

不过时代不同了，现在我们很难因邻居选择住处，但是不拘泥于邻居这个角色，我们可以选择和什么样的人交朋友，懂得选择对身边不同的人采取不同的相处方式，也是符合孔子"择仁"之智的。

"里仁"这两个字，可以通俗地理解为"与有仁德的人相处"或者是"让自己时刻处于仁德的状态"。"仁"就是符合儒家思想规范的人。

"择不处仁"另有一种解释：我们自己的状态如果不是时刻处于仁的状态，我们就不够明智。

4.2

[原文]

子曰:"不仁者不可以久处约,不可以长处乐。仁者安仁,知者利仁。"

[释义]

孔子说:"没有仁德的人不可以长久处于困境之中,不可以长久处于安乐之中。有仁德的人,可以安心于施行仁德,有智慧的人明白仁德对他有好处,而始终保持仁德的状态。"

[智慧]

仁德是一种状态,更是一种心态。

仁德,具体说起来,我觉得就是孝顺父母、友爱兄弟姐妹、以善心面对芸芸众生;而抽象地说,是有智慧。

"知",即"智",强调知识积累而聪明。另有"慧",不一定要有知识,但是有超越常人的感知力。

比如有的人,平时不紧不慢,不争不抢,对待别人都非常平和友善,但是到了某些关键的时候,别人都束手无策、六神无主的时候,他依然平静,还能镇定自若地带领大家走出困境,而且一如平常,既不仰着头沾沾自喜、洋洋自得,也不故作谦虚、假装低头斜着眼睛看大家给他鼓掌。就是他对工作生活中所有的变化和不变都一样简单平和、泰然处之,这个状态绝不是学习各种知识能实现的,这是一种莫可名状的"慧"的状态。"众中少语,无事早归",这是一种天然的人生状态,我们可以不是这样的人,但要尊重身边这样的人,珍惜身边这样的朋友。

4.3

[原文]

子曰："唯仁者能好人，能恶人。"

[释义]

孔子说："只有仁者才能恰当地喜好某人，厌恶某人。"

[智慧]

为什么只有"仁者"才能喜欢或者厌恶别人呢？此处的仁者，一定是符合"中庸"，"中不偏、庸不易"，用公允的评判方式去看待某人，做出中肯的评价。

大部分人之所以不是仁者，就是因为很难做到公允。

王旦，北宋真宗时期的宰相，在任期间推荐了很多人，这些人后来都得到了重用，其中就包括我们熟悉的寇准，但是这些被推荐的人都不知道自己是被王旦推荐的。寇准攻击王旦，王旦什么也不说，也不反驳，还是宋真宗看不下去了，才告诉寇准：你以为你是怎么到中央来工作的？王旦推荐你，你才有机会。寇准惭愧，来到王旦的家里道歉，王旦还是什么也不说。

通过王旦的故事，我们就知道什么是"仁者能好人，能恶人"了。仁者一心为公，心怀坦荡，他们的表扬和批评都是出自公平与正义，怎么能不让人信服呢？

4.4

[原文]

子曰:"苟志于仁矣,无恶也。"

[释义]

孔子说:"假如立志做一个具有仁德的人,就不会做坏事了。"

[智慧]

一个人要做什么,其实别人是阻止不了的。做事情在于自己的决心。要是想做一个心存善念的人,自己就会约束自己的行为,特别是在别人看不到的时候,这就是儒家慎独的功夫。

慎独,是自我修养的最佳途径,不只是精神层面的修养,可以包含方方面面的。比如要减肥,按照健康的标准该是多少公斤的体重,多了多少,有家人朋友监督的时候,可以晚上只吃菜,可以每天坚持走多少步,可是某天就自己的时候,是不是面对心中的各种美食就想"不差这一顿"呢,面对运动鞋是否也想暂时停一天呢,然后自我安慰"偶尔放松一下也是可以的",结果呢,一顿大餐,前面十几天的健康饮食加运动全都白费了。这种不能自控的心态,上升到理论高度,就是"慎独"的本事还不到位。

求仁得仁,只要努力就一定会成功。

4.5

[原文]

子曰:"富与贵,是人之所欲也;不以其道得之,不处也。贫与贱,是人之所恶也;不以其道得之,不去也。君子去仁,恶乎成名?君子无终食之间违仁,造次必于是,颠沛必于是。"

[释义]

孔子说:"富足与尊贵,是人人都想得到的。如果不用正当的手段获得,君子是不接受的。贫穷与卑微,是人人都厌恶的。如果不用正当的手段去掉,君子是不抛弃的。君子如果离开了仁德,怎么成就他的君子之名呢?君子即便在吃饭的这一小段时间也不会离开仁德,事业成功的时候不会离开仁德,颠沛流离的时候也不会抛却仁德之心。"

[智慧]

修为,是需要不断地修炼自己的心,才能有所作为的。仁德,也是一样,对芸芸众生心存善念,这也是需要修炼的。功成名就的时候不高高在上,颠沛流离的时候不自暴自弃,始终都心存善念。当善念成为自然而然的习惯时,我们就真的离仁者不远了。

孔子主张安贫,但绝不是向贫。如果你贫穷,你就安心于贫穷,不要做梦一夜暴富,而要脚踏实地去生活;但是如果你本来就富有,没必要散尽千金去追求贫穷。安贫乐道,也要安富乐道。

4.6

[原文]

子曰:"我未见好仁者,恶不仁者。好仁者,无以尚之;恶不仁者,其为仁矣,不使不仁者加乎其身。有能一日用其力于仁矣乎?我未见力不足者。盖有之矣,我未之见也。"

[释义]

孔子说："我没有见过喜好仁德的人和厌恶不仁德的人。喜好仁德的人，那是最好的了；厌恶不仁德的人，他就会去做仁德的事情，不让那些不符合仁德的事情发生在自己的身上。有谁能一整天都一直在奉行仁德的吗？我并没见过谁的能力不足以让人一整天都奉行仁德。大概有这样的人吧，我没见过。"

[智慧]

每个人都有能力让自己一直奉行仁德的标准来做事情，但是很多人因为私欲和不能约束自己，所以无法成为仁者。

合理约束自己的欲望，减少攀比，可以让自己幸福。不同的态度决定不同的人生。千金背后有人哭，只是别人看不到罢了，能平和地守着自己的生活，力所能及地为自己的明天而奋斗，这样的人生才最充实，也最踏实。

4.7

[原文]

子曰："人之过也，各于其党。观过，斯知仁矣。"

[释义]

孔子说："什么样的人犯什么样的错误。看到别人犯的错误，就可以了解他是否具有仁德了。"

[智慧]

是人就会犯错误，要看错误的性质和类别，可以判断一个人的品性。面对面打人一拳，肯定是错，当面微笑背后使阴招，害人于未知，也是犯错，可是错与错天差地别，人与人云泥之谓。

还是那句话，能够识人，是大本事，也是大智慧。

4.8

[原文]

子曰："朝闻道，夕死可矣。"

[释义]

孔子说："早上得到了道的真谛，即便晚上去死都值得了。"

[智慧]

这句话经常被读书人和志士仁人用来形容追求真理，不惜舍身殉命的坚定信心。

真的得道了就要付出生命的代价，当然不是这个意思，而只是夸张而已；反过来看，不惜生命的代价也要知道的那个"道"的真谛，看来并不容易获得，所以能够悟道，是小概率的事。

我们如果无法悟到天人合一的宇宙大道，那么，想明白某一个问题、某一件事情、某一个人，也是在悟道的路上。修身悟道，过程比结果重要得多。一日行一善，一月明一理，即便终生未能顿悟，但是一直在向着终极目标缓步前行，也是得道者。

人生的悲哀之一，就是因为觉得自己做不到，因而放弃。

4.9

[原文]

子曰："士志于道，而耻恶衣恶食者，未足与议也。"

[释义]

孔子说："读书人有志于获得真理，但是以自己穿破衣服吃粗粮为耻辱，这样的人，不值得同他一起讨论。"

[智慧]

把心思用在正确的地方，这是做人做事的核心。为了追求自己的终极目标，不要花费心思在那些虚饰上，真正内心强大、安静且有明确人生目标的人，他们的外表清洁而得体，他们的饮食讲求健康但绝不铺张浪费。

孔子奔波在各个诸侯国之间长达十四年，可是没有哪个君主真的想采用孔子的思想。孔子怎么办？孔子不在意某一个官职、某一块封地这些蝇头小利，而着眼于万世之后。

对于孔子来说，一个人内心的自我认同往往比获得别人的认同要重要得多。

4.10

[原文]

子曰："君子之于天下也，无适也，无莫也，义之与比。"

[释义]

孔子说："对天下的事物，没有规定什么能做，也没有规定什么不能做，只要是以道义为标准而合理地去做，就可以了。"

[智慧]

"无适""无莫"没有确解。凡事以仁德之心为出发点，做符合道义的事情，就可以了，不必拘泥于具体细节。孔子不可能告诉弟子们具体哪个行为是对的，哪个行为是可以接受的，哪个行为又是绝对错误的，所以就要求弟子们以仁德的道义为标准，符合标准的就可以做，不符合标准的就不要做。

仁德，我的理解还是那样的：孝顺父母、友爱兄弟姐妹、以善心对待芸芸众生。

4.11

[原文]

子曰："君子怀德，小人怀土；君子怀刑，小人怀惠。"

[释义]

孔子说："君子关心的是道德，小人关心的是私产；君子关心的是法度，小人关心的是恩惠。"

[智慧]

君子首先关注的是以道德教化人心，而小人关注的是自己能捞到多少好处。君子心中敬畏法度，所以做事情有规矩，有约束；而小人希望以谄媚的方式讨好权贵，从而得到实惠。

孔子的想法很常见，谁都能做得到：谋取私利，要符合道德；追求好处，要遵守法律规范。能这样做，就是君子了。

4.12

[原文]

子曰："放于利而行，多怨。"

[释义]

孔子说："依据个人的利益来做事情，会招致很多的怨恨。"

[智慧]

做事情的一个原则，就是考虑自己，也考虑别人，不要把便宜占尽，不要把机关算尽。历史反复证明，便宜是占不尽的，机关是算不尽的，凡是想占尽天下便宜的人，最后都被天下抛弃了，而且很无情；凡是想要把机关算尽的人，总是会在哪个不经意的瞬间，让整个机关土崩瓦解。因此，有利益要想着给同伴分一些，做事情厚道一点，给别人留条路。

4.13

[原文]

子曰："能以礼让为国乎，何有？不能以礼让为国，如礼何？"

[释义]

孔子说："能以礼让来治理国家吗，这有什么困难呢？不能以礼让来治理国家，那么要礼还有什么用呢？"

[智慧]

礼让，就是遵守礼仪、互相谦让，是孔子所推崇的人与人之间应有的交往准则。孔子觉得治理国家可以用这种方式。

"礼"具有形式与实质两个方面的内涵，既要重视形式，也就是仪式感，也要注重实质的内容，引导国人可以互相礼让，共同营造守礼的环境。

孔子主张治国以礼、以让，做人自然也要懂得礼让。礼是制度，让是传承。无论是做企业还是搞管理，都要有制度、有规范，不能全凭自己的喜好；要有选择、有培养、有考察，然后用合适的方式把重任传给下一代。

4.14

[原文]

子曰："不患无位，患所以立。不患莫己知，求为可知也。"

[释义]

孔子说："不担心没有自己的职位，担心有了职位却没有相匹配的能力。不担心别人不了解自己，让自己发展，值得别人去了解。"

[智慧]

反躬自省，反求诸己，这是儒家自我修养的真谛。

想要的职位没有得到，别人不了解自己，别人误会自己，我们会用何种态度去面对？我们应该用何种态度去面对？孔子教我们，要先学会自己反思：我是不是还不够好，所以没有得到这个职位？我是不是还不够优秀，以至于还不值得别人花费太多心思去了解？推演下去的结论就应该是：我足够好的时候，自然可以获得我想要的职位；我足够优秀的时候，自然会有在意我的人愿意去花费心思了解我。

如果想要的职位超出了自己的能力范围，而且不是努力就能实现的，那么就应该换个思路了：是不是我想要的太多，太高，超越了我真实的能力？

"求为可知也"是积极做事，"礼让"是谦虚做人，也就是我们常说的"高调做事、低调做人"，两者不冲突。

4.15

[原文]

子曰："参乎！吾道一以贯之。"曾子曰："唯。"子出，门人问曰："何谓也？"曾子曰："夫子之道，忠恕而已矣。"

[释义]

孔子说："曾参啊，我的主张一直都贯穿着一个中心的思想。"曾子曰："是的。"孔子出去了，其他同学问曾子："夫子的那个中心思想是什么呢？"曾子曰："夫子所主张的中心思想，就是忠恕的道理啊。"

[智慧]

每次读到这段话，总会脑补一个欢乐而有些无奈的画面：

孔夫子某一天准备给学生们好好讲一讲自己学术的核心思想，于是老师卖了一个关子，问自己比较得意的门生曾参：参啊，我的学说有一个最重要的中心思想……然后，夫子等着曾参问：老师，那这个中心思想是什么呢？然后孔夫子就准备好好讲一讲。

结果呢，这位老实学生曾参，仔细一想，觉得自己明白了，于是就说：是这样的。就好像师生之间打了一个哑谜，表示您说的那个思想，其实我也知道，是有这么一个中心思想。本来想卖个关子的孔夫子，就这样被这位过于实在且不解风情的学生给顶回来了，然后孔夫子觉得，既然你都明白了，我还讲个什么劲儿啊，于是只能把话憋回肚子里，郁闷地出去了。

可是别的学生不知道夫子这个中心思想是什么啊，既然你曾参知道，那你说吧。于是曾参就替老师总结了：夫子的那个中心思想啊，就是"忠恕"之道。

这个虽然很用心以后也很有成就的学生曾子，就这样把《论语》里孔子准备总结他学术核心思想的唯一机会给顶回去了，后世永远错过了准确答案，或许曾子总结的"忠恕"就是最优答案。

忠恕之道，就是学会换位思考，凡事既想着自己，也要考虑别人，不能完全从自己的角度出发去思考去做事，即"己欲立而立人，己欲达而达人"，"己所不欲，勿施于人"。

4.16

[原文]

子曰："君子喻于义，小人喻于利。"

[释义]

孔子说："君子懂得的是道义，小人懂得的是利益。"

[智慧]

孔子在讲授他的思想主张时，常常将君子和小人对比：君子怎么做，小人反之，所以门人弟子要学习君子所为，并以小人之行径为戒。

还是那句话，不能教条化，不能认为凡是关注利益的都是小人。君子考虑道义，当然也要考虑利益，但一定是正当的、应得的利益，绝不做非分之想；不能要求君子都是饿着肚子、打着补丁、穷得叮当响。吃饭、穿衣和体面生活，自己努力奋斗获取的，是合理的劳动报酬，当然也属于君子所为。

如果一个人做什么事情都是首先想到自己的个人利益或者小集体的利益如何实现，而对于国家的、社会的、公众的、别人的利益加以损害，那么这种行为就是小人所为。

如今，利益强调双赢、多赢，而不是一方获利、他方都受损。合作共赢就是君子之利，损人利己甚至损人不利己就是小人之利。

4.17

[原文]

子曰："见贤思齐焉，见不贤而内自省也。"

[释义]

孔子说："看见贤人要向他看齐，看见不贤的人就要自己反省。"

[智慧]

看见贤人，要向他看齐，虚心认真求教。如果不想掉这个架子，不愿意让自己赔着笑脸去讨教，漠然视之也不失为君子之行。但是看见别人比自己强，比自己好，心下怨恨不已，而且得了机会一定要陷害之，损人而不利己的事情也要干，就为了让自己卑微的嫉妒心得到发泄，这，就是纯粹的小人了。

看见不贤的人呢，就要自己反省一下：自己有没有这些不贤的行为呢，如果有，一定要改正。比对那些你看不上的人，找找自己身上是不是也有这些缺点和不足，这个办法通常比纯粹自省要管用。

4.18

[原文]

子曰："事父母几谏，见志不从，又敬不违，劳而不怨。"

[释义]

孔子说："如果父母有的事情做得不对，就要婉转规劝，如果自己的意见不被父母采纳，仍然要尊敬父母，不要强行违背他们的想法，即便是付出很多辛劳，但是不会怨恨父母。"

[智慧]

姑且不说是不是一定父母错了，就是在和父母意见相左的时候，孔子上述的建议，有几个子女可以做到？

和父母意见不一致的时候，还能和颜悦色、恭恭敬敬地对待自己的父母，即便心中不满意，绝对不会怨恨自己的父母。如果身边有这样的朋友，请一定要珍惜他们。可以如此尊敬自己的父母的人，一定不会是一个损人利己、陷朋友于不义的小人。

4.19

[原文]

子曰："父母在，不远游，游必有方。"

[释义]

孔子说："父母还健在，不要到远方去游历，如果一定要去，必须告知父母明确的去处。"

[智慧]

父母还在，子女哪儿都不能去，要守着父母身边，这固然也是一种孝道，但是"悲守穷庐、多不接世"是孝道的唯一表现形式吗？肯定不是。

古时候交通不便利，通信更不便利，远游往往意味着几年甚至更长时间与家里杳无音讯。告诉父母自己要去哪里，对父母而言是一种安心，但是对远游的子女而言是安心或者合理的吗？显然不是。

合理安置好自己的父母和家务事，即便自己远游，也不会让父母妻儿在家里饿肚子或无处遮风避雨，这才是对自己、对家人、对父母而言最适合的方式。

4.20

[原文]

子曰："三年无改于父之道，可谓孝矣。"

[释义]

孔子说:"如果多年不更改父亲定下的合理的规矩,那么就可以说符合孝道了。"

[智慧]

父之道,就是家风,不能随意更改。如果父亲做的事情不对,子女当然要努力去避免。

父辈曾经有过教训,后代子孙一定要小心,不要重蹈覆辙。一定要活学活用孔子的思想。

4.21

[原文]

子曰:"父母之年,不可不知也。一则以喜,一则以惧。"

[释义]

孔子说:"父母的年龄,做子女的不能不知道。一是因此而感到欢喜,二是因此而感到害怕。"

[智慧]

子女知道父母的年龄,一是知道父母已经有了这么多的年岁,感到欢喜,替父母感到幸运;二是知道父母越来越走向衰老,恐惧他们年华不再,好好珍惜和父母在一起的时光。

人生最痛苦的事情,就是"子欲孝而亲不在",所以,与其终生后悔,不如在父母尚在的时候,多陪陪他们。多吃妈妈做的饭,多夸夸妈妈的手艺;多跟爸爸讨论一下国际局势,听听他的看法,无论你是否赞同，都要给他发表意见的机会。和自己的妈妈一起逛街买衣服，大红大绿往妈妈身上一披，夸她漂亮时看妈妈脸上皱纹中挤出的笑容，那绝对是世界上最美的画面。陪着自己的爸爸逛鸟市、下象棋、侃大山，一定是最幸福的。

4.22

[原文]

子曰："古者言之不出，耻躬之不逮也。"

[释义]

孔子说："古时候（君子的）言语不轻易出口，就是担心自己的行动跟不上。"

[智慧]

说了不做，这是缺陷。承诺不要轻易说出口，如果说出来就一定想办法做到，即便做不到，也要给被承诺者一个合理的解释。不要轻易失信、爽约，不要轻易迟到。要避免把和家人、朋友交往中的迟到当成习惯。

一个人的道德修养，往往是从很多细节中看出来的。

4.23

[原文]

子曰："以约失之者鲜矣。"

[释义]

孔子说:"因为对自己进行必要的约束而犯过失的情况,那是非常少见的。"

[智慧]

一个真正能做到"慎独"的人,是很少失礼的。自己对自己的人生有要求、有追求,或曰有理想、有目标,对自己的道德层面的关注比较高,就不会轻易触犯道德和法律。这就是自我修养。

4.24

[原文]

子曰:"君子欲讷于言而敏于行。"

[释义]

孔子说:"君子说话谨慎迟钝,但是做事情勤勉而敏捷。"

[智慧]

一个长得很憨厚甚至有点儿胖乎乎的小伙子,平时总是非常诚恳的样子,对待别人诚实且有礼貌,话不多,总是憨笑,可是做起事情来动作敏捷、准确、高效,从不拖沓,他的样子就是"敦",他的行动就是"敏",这样的人既可爱又可敬。"敦敏",是《黄帝内经》中用来描述黄帝时用的词。

一个平时不善言谈,略微有些内向、憨厚的人,做事情勤勉认真,务实高效,这就是"讷"于言而"敏"于行,与"敦敏"有异曲同工之妙。

话少，办事靠谱，绝对好。

4.25

[原文]

子曰："德不孤，必有邻。"

[释义]

孔子说："有道德的人不会孤单，一定会有（志同道合的）人来和他做伴。"

[智慧]

千万别认为只有自己善良，自己就吃亏了；别认为周围都是坏人，自己不值得做唯一的那个好人。有太多的事例告诉我们，人始终心存善念，会在一时一事上吃小亏，但会在一生一世上占大便宜。"几百年人家无非积善"，守孝道、行善举，恩泽子孙。

如果很不幸，某个人周围都是坏人坏事，先反躬自省一下：是不是自己选择的朋友圈出了问题。大部分情况下，学坏都是源于自己想做坏事，而不是单纯地被别人拉下水。

4.26

[原文]

子游曰："事君数，斯辱矣；朋友数，斯疏矣。"

[释义]

子游曰："与君主接触过于频繁，就会招致羞辱；与朋友交往过于频繁，就会彼此疏远。"

[智慧]

和别人交往的频率，是做人的大学问。

总是在领导身边，找各种机会接近领导，无论和自己有无关系，都喜欢在领导面前频繁出现，这样的下属，往往得不到领导尊重，究其原因，领导会觉得这个人太"轻"。

朋友之间的交往也是一样。男有哥们儿，女有闺蜜，恨不得每天厮守在一起，吃喝住行都形影不离，忽然因为什么小事情就形同陌路了，究其原因，太亲太近反而觉得可有可无了。

无论是领导，还是朋友，即便是夫妻，父母子女，都要给彼此留出必要的空间，有必要的独处时间，这其实也是对另一方独立性的尊重。没日没夜厮混在一起的结果，因为太熟所以轻视，因为轻视所以稍有违背自己的意志便抛弃。

公冶长第五

5.1

[原文]

子谓公冶长："可妻也。虽在缧绁之中，非其罪也。"以其子妻之。

[释义]

孔子评价公冶长："可以把女儿嫁给他。虽然曾经在牢狱之中，但是那不是他的罪过。"把自己的女儿嫁给了他。

[智慧]

公冶长，孔子的弟子。孔子"择婿"的背后是"识人"。

妻，名词活用为动词，表示把某女嫁给某人做妻子。

缧绁，监牢。

最后一个"子"，是女儿的意思。

5.2

[原文]

子谓南容："邦有道，不废；邦无道，免于刑戮。"以其兄之子妻之。

[释义]

孔子评价南容："国家政治清明，南容不会被君主放弃；国家政治不清明，他也不会被君主处以刑罚。"孔子把哥哥的女儿嫁给了南容。

[智慧]

南容，即南宫适，字子容，孔子的弟子。

处于清明盛世，君主想到要起用他，说明南宫适是个人才，处于昏暗不明的时代，君主虽然昏庸却不会想到要处罚杀他，说明南宫适是个聪明的人才。

5.3

[原文]

子谓子贱："君子哉若人！鲁无君子者，斯焉取斯？"

[释义]

孔子评价子贱："这个人是个君子啊！鲁国如果没有君子，像他这样的道德是从哪里来的呢？"

[智慧]

子贱：即宓子齐，字子贱，孔子晚年收的一位学生。

鲁国虽然头顶着周公的光环，而且出了孔子这样的大贤，其实这个诸侯国很弱，自西周后期，和齐国打起来，多半是战败，和齐国结盟，也是个配角；君主没什么权力，三桓家族把持朝政，君不君，臣不臣。鲁国的年轻人里鲜有贤能之人，现在出现了子贱这个君子，孔子极为高兴。

5.4

[原文]

子贡问曰："赐也何如？"子曰："女，器也。"曰："何器也？"曰："瑚琏也。"

[释义]

子贡问孔子："我这个人怎么样呢？"孔子说："你，好像一个器皿。"子贡曰："什么器皿呢？"孔子说："瑚琏。"

[智慧]

瑚琏，是古时候祭祀用的一种器皿，是相当尊贵的。所以呢，在孔子心目中，子贡虽然不是可以开宗立派、治国理政的大才，但的确是一个非常好用的帮手。

言外之意，孔子是很器重子贡的，所以子贡听了这个评价应该很开心。子贡曾游说诸侯，最后导致了吴国被灭，我们就能知道子贡这个人很厉害。

5.5

[原文]

或曰："雍也仁而不佞。"子曰："焉用佞？御人以口给，屡憎于人。不知其仁，焉用佞？"

[释义]

有人说："冉雍虽然仁德，但是口才不好。"孔子说："为什么非要口才好呢？善于和别人辩论的人，容易让人厌恶。不知道冉雍是否有仁德，但是何必要有好的口才呢？"

[智慧]

冉雍，字仲弓，孔子的弟子。

孔子曾说"巧言令色，鲜矣仁"，主张"讷于言，而敏于行"，这里维护冉雍，综合看起来，孔子不是反对口才好，而是反对只会夸夸其谈而缺少仁德的人。对于言与行的关系，一等是言出必行，二等是不善言辞但肯于实干，末等就是只说不做。

南宋有个刘光世，最早投奔赵构的，被赵构引为心腹，但是打仗不行，遇到金人就跑，平息南方也不行，赵构就把他闲养起来了。刘光世对赵构说："愿竭力报国，他日史官书臣功第一。"就是说啊，我会努力为您卖命的，有朝一日记载历史，我的功劳要最大。这马屁拍得很到位了，可是赵构不傻，他回答："卿不可徒为空言，当见机行事。"就是说，你别只会耍嘴皮子，要干点儿正事儿。这在君臣对话中是罕见的。

5.6

[原文]

子使漆雕开仕。对曰："吾斯之未能信。"子说。

[释义]

孔子让漆雕开去做官。漆雕开回答说："我还没有信心可以做好官。"孔子很开心。

[智慧]

漆雕开，复姓漆雕，名开，字子开。孔子的弟子之一。

孔子觉得漆雕开能力够了，让他去做官，可是漆雕开没有信心能做好这个官，决定暂时不去。孔子很开心。为什么呢？漆雕开谦逊，有自知之明，不愿意因为自己经验不足或者能力不够而影响治下的百姓，这就是孔子高兴的原因。

很少有人愿意在机会面前再等等。其实，少年得志不一定是好事情，大器晚成更能持久。人生漫漫路，按部就班走，既不超前也不落后，有条不紊，大多数人能享受到平淡而真实的幸福。

北宋苏轼的人生波澜壮阔，但是随遇而安，大风大浪都会让他的人生更加精彩。苏轼是个活得通透且明白的人，他有一首诗，我觉得特别有意思，抄录如下："人皆养子望聪明，我被聪明误一生。唯愿孩儿愚且鲁，无灾无难到公卿。"非有大智慧，把人生彻底看透的人，写不出这样的句子。

5.7

[原文]

子曰："道不行，乘桴浮于海。从我者，其由与？"子路闻之喜。子曰："由也好勇过我，无所取材。"

[释义]

孔子说："我的主张如果行不通，我就坐着船到海外去。跟着我的，估计只有仲由吧？"子路听到了很高兴。孔子说："仲由的勇力超过了我，但是没有地方可以获取合适的木材啊。"

[智慧]

仲由，字子路，在孔门弟子中以勇武著称。

"无所取材"，双关语，一表示想要去海外，可是找不到适合做竹筏的材料，暗喻道之不行；二是说子路虽然勇武，但是只靠武力，对推行仁道没有什么用处。

"暴虎冯河，吾不取也。"孔子反对只会用武力征服而不用德行感召别人的行为，对于一味地诉诸武力很反感，否则以他门下三千藏龙卧虎又忠心耿耿的弟子而言，他想用武力颠覆一个中等诸侯国，其实是很轻易的事情。孔子从来没有这样想，也没有这样做，就是因为孔子要以仁德感化天下，绝对不滥用武力。

什么是君子呢？我分分钟可以干掉你，可是我绝对不这样做，反而是用我的文化力量去感化你。

5.8

[原文]

孟武伯问："子路仁乎？"子曰："不知也。"又问。子曰："由也，千乘之国，可使治其赋也，不知其仁也。""求也何如？"子曰："求也，千室之邑，百乘之家，可使为之宰也，不知其仁也。""赤也何如？"子曰："赤也，束带立于朝，可使与宾客言也，不知其仁也。"

[释义]

孟武伯问："子路有仁德吗？"孔子说："不知道。"孟武伯又问。孔子说："子路这个人，如果是有千乘战车的大国，可以让他负责军队的管理，是否符合仁德的标准，我不知道。"孟武伯又问："冉求怎么样？"孔子说："冉求，千户人口的城邑，百乘兵车的封地，可以让他当总管，是否符合仁德的标准，我不知道。"又问："公西赤怎么样？"
孔子说："公西赤立于朝堂之上，可以负责办理与他国来宾的外交事
务，是否符合仁德的标准，我不知道。"

[智慧]

公西赤，复姓公西，名赤，字子华，也称公西华，孔子弟子。

孟武伯，鲁国实际掌权者，他找孔子来了解他的弟子们。孟武伯
不直接问他们能不能治理国家之类的，而是问他们够不够"仁"的标
准。孔子当然知道孟武伯的真实想法，不愿意和不对的人聊仁德的话
题，干脆说不知道。为什么呢？"仁德"这个话题，一来孟武伯没兴
趣，二来孟武伯也做不到，多谈无益，不如不谈。干脆，你不是想了
解我弟子们的从政水平吗？直接说。果然，孟武伯接着问这个人怎么
样啊，孔子就开始介绍他的三位弟子：子路可以做大国的三军统帅，
甚至是执政者；冉求可以在一个中等国家做宰辅；公西华可以做一个
优秀的外交官。

弟子都如此厉害，孔子能不厉害吗，但是不会有哪个君主真的敢
用孔子，即便是他短暂地在鲁国做官，三桓也是像防贼一样看着他，
根本不给他任何施展才能的机会。当然孔子也看不惯三桓架空鲁国国
君轮流掌权，很快就放弃鲁国的执政机会。

5.9

[原文]

子谓子贡曰："女与回也孰愈？"对曰："赐也何敢望回？回也闻一
以知十，赐也闻一以知二。"子曰："弗如也；吾与女弗如也。"

[释义]

孔子对子贡说："你和颜回谁比较优秀？"子贡回答："我怎么能与颜回相比呢？颜回听到一个道理，就可以推知十个道理，我呢，听到一个道理，可以推知两个道理。"孔子说："确实不如颜回，我和你确实都不如颜回。"

[智慧]

听了一个道理，能悟出更多的道理，这样的学生可遇而不可求。孔子，坦然承认自己有不如弟子之处，这份豁达和坦诚令人敬佩的。

西汉刘邦曾说："运筹帷幄之中，决胜千里之外，吾不如张良；镇守国家，安抚百姓，不断供给军粮，吾不如萧何；率百万之众，战必胜，攻必取，吾不如韩信。三位皆人杰，吾能用之，此吾所以取天下者也。"就是说，运筹帷幄，统筹战局，我不如张良；军需供给，搞好后勤，我不如萧何；带兵打仗，每战必胜，我不如韩信。这三位这么厉害，我不但敢用他们，还能驾驭他们，所以天下是我的。

5.10

[原文]

宰予昼寝。子曰："朽木不可雕也，粪土之墙不可杇也。于予与何诛？"子曰："始吾于人也，听其言而信其行；今吾于人也，听其言而观其行。于予与改是。"

[释义]

宰予白天在睡觉。孔子说："腐朽的木头无法雕刻，斑驳污秽的墙粉刷不得，我对宰予有什么可以责备的呢？"孔子说："我以前对别人的观察，是听到他说的话就相信他会照做；现在我观察别人，听他怎么说，还要实际看他怎么做。我从现在开始改变了态度。"

[智慧]

宰予，字子我，孔子的弟子。

白天睡觉，对于有志于学的孔子来说，是不求上进的表现，而宰予作为孔子非常喜欢且欣赏的一位弟子，这种行为让孔子非常不满也不解。于是夫子说出了上述的话，既要听别人怎么说，还要看别人怎么做，才能判断这个人。

不过，历史上记载，宰我是一位贤人，位列孔门七十二贤人之一，大白天睡觉应该是一个例外的情况。一个人到底怎么样，也许不到最后一刻都看不出来。

5.11

[原文]

子曰："吾未见刚者。"或对曰："申枨。"子曰："枨也欲，焉得刚？"

[释义]

孔子说："我还没有见过刚毅不屈服的人。"有人说："申枨是这样的人啊。"孔子说："申枨的欲望太多，怎么会刚毅不屈呢？"

[智慧]

申枨，字周，孔子的弟子。

"刚者"，不是有欲望的人就不会刚毅不屈，而是超过正常范围的欲望，会让人丧失刚毅，变得不那么理直气壮。因为想要本来不属于自己的东西，想得到本来不应该得到的利益，那么自然底气不足，心虚的时候怎么可能有刚毅的表现呢，即便有，也是虚张声势。

所求是合理的，代价会很小，可以承受；所求不合理，代价会很大，甚至加倍。对个人而言，过度的欲望可能会毁掉一个前程，一个家庭，一份事业，一个团队。

无欲则刚，有求皆苦。

5.12

[原文]

子贡曰："我不欲人之加诸我也，吾亦欲无加诸人。"子曰："赐也，非尔所及也。"

[释义]

子贡说："我不想让别人骑在我头上，我也不想骑在别人头上。"孔子说："端木赐啊，这不是你能做到的。"

[智慧]

子贡说的话，就是"己所不欲，勿施于人"的意思，可是为什么孔子说他做不到呢？我觉得有两层含义。其一，一个人想做到"己所不欲，勿施于人"，其实是需要时时刻刻慎独警醒的，是不是不经意的时候就把自己的意志强加给别人了？是不是在没有意识到的时候，就做了自己讨厌的事情？能够时刻提醒自己，对别人理解、关怀、友善，这确实不是凡人可以每时每刻做到的事情。其二，就是即便你能做到"己所不欲，勿施于人"，但是你怎么能确保其他人也能一样对你呢？

控制别人的行为，这几乎是不可能的事情了。

孔子希望每个人都能约束好自己，再用公知的道德准则去规束那些不能自觉约束自己的人，那么这个社会就和谐了。

儒学，强调自觉而觉他。

5.13

[原文]

子贡曰："夫子之文章，可得而闻也；夫子之言性与天道，不可得而闻也。"

[释义]

子贡曰："夫子在文献方面的学问，我们可以听到；夫子关于人性与天道的学问，我们就听不到了。"

[智慧]

文章，指孔子整理编纂春秋以前的文化古籍，宣传上三代的文化。性，指关于人性的判断和评论；天道，天人合一之道，人与自然和谐相处的关系。

关于人性、人与自然的关系，除了讲授知识，更多的是靠自己的悟性和感受力。也就是说，人性是什么，人如何效法自然并与自然和谐相处，直到可以让自然为人所用，让自然的力量带给人更多的幸福感，这些不是一套理论学会了就能明白的；而是要自己去领悟，去感受；这种顿悟是没有办法用语言文字描述出来的，能够说出来的，也就不是顿悟所得了。

孔子关于人性和天道的思想，孔子不说，弟子们听不到，不是孔子有所保留，而是说了也没用，也说不出来。子贡明白了这个道理。"道可道，非常道"，"不可说，一说就错"，儒释道相通。

5.14

[原文]

子路有闻，未之能行，唯恐有闻。

[释义]

子路听到了（道理），但是没有立刻去做，他担心还有新的听闻（道理）。

[智慧]

这是有耐心的表现。不要听了一句话，觉得有道理，马上就做；等一下，可能还有新的知识和道理，也可能想一想才发现还需要了解更多的信息才能有所作为。不要急于实践，知识累积足够了，实践的机会自然会来到。

有一句俗语，叫"一瓶子不满，半瓶子晃荡"，高不成低不就的时候，急着去做事情，或者浪费了自己的才能，或者耽误了别人委托的事情。

5.15

[原文]

子贡问曰："孔文子何以谓之'文'也？"子曰："敏而好学，不耻下问，是以谓之'文'也。"

[释义]

子贡问:"孔文子为什么可以得到'文'的谥号?"孔子说:"聪明灵活,喜好学问,谦虚向别人请教,所以谥号是'文'"。

[智慧]

孔文子,即孔圉,卫灵公时期贤臣。

谥号是古代对过世的君主和重要臣僚一生进行的评价,以一个字或者两个字来总结。唐代张守节写《史记正义》,这里面有简单但比较完整的谥法,现在这部分内容一般附在《史记》正文之后。

"敏而好学",很聪明的人还好学,不容易,因为很多聪明的人不愿意用笨功夫。"不耻下问",就更难了:宁肯不知道,甚至不懂装懂,也不要去问,这应该是一般人的想法和做法吧。所以做到这两点的孔文子,多么不容易。

5.16

[原文]

子谓子产:"有君子之道四焉:其行己也恭,其事上也敬,其养民也惠,其使民也义。"

[释义]

孔子评价子产:"有四种行为符合君子之道:始终保持恭谨严肃的态度,对待君主尊敬而负责任,给予百姓实惠,合理地役使人民。"

[智慧]

子产,公孙侨,字子产,春秋时期郑国著名的政治家、贤相。他执政 22 年，让郑国在强大的晋国和楚国之间保持中立，维持了相对稳定和平，既不投靠一方屈膝投降，也不与任何一方对抗自取其辱，内政清明务实，百姓安心务农，郑国呈现了郑庄公之后少有的富足和强盛。

一个人，会面临着各种各样的竞争。我们不能指望周围所有人里只有我最强，那不现实，如何在强手如林的社会中立足呢？不是去改变环境，我们做不到；不是去改变别人，自古以来都没人做得到。我们能做的，只有练内功，强大自己，我今天比昨天更强大，明天比今天更强大，我才可能在激烈竞争的环境里生存下来。不要寄希望于一夜成名，不要守株待兔，必须靠自己的不断努力，不断提升，才能让自己的人生过得更好，更有价值。

5.17

[原文]

子曰："晏平仲善与人交，久而敬之。"

[释义]

孔子说："晏平仲很善于与别人交往，久而久之，别人都很尊敬他。"

[智慧]

晏平仲，就是齐国著名的贤臣晏子。《晏子春秋》记录他的言行。

与别人交往，获得尊敬，肯定不是靠奸诈、取巧获得的，只能是以诚相待的结果。晏子有才华又是一位君子，所以别人可以从与他交往中感受到他的人格魅力，自然会尊敬他。

"橘生淮南则为橘，生淮北则为枳，叶徒相似，其实味不同。所以然者何？水土异也。今民生长于齐不盗，入楚则盗，得无楚之水土使民善盗耶？”晏子这样的外交家，可以在外交中不让齐国丢面子，但是依然不能改变齐国积弱的局面。国与国的外交，还是要靠实力说话，只有自己强大了，别人才不敢开玩笑。

5.18

[原文]

子曰："臧文仲居蔡，山节藻棁，何如其知也？"

[释义]

孔子说："臧文仲用来养大乌龟的屋子，斗拱上雕着山的样子、梁上的短柱子画着海藻，这怎么能说他很聪明呢？"

[智慧]

臧文仲，即臧辰，鲁国大夫。

臧文仲不管出于什么原因，用雕梁画栋、富丽堂皇的房间，奉养一只大乌龟，其奢华超过了对老百姓的恩惠和馈养，这种做法肯定会招致同僚和百姓的反感，他们只是不敢说而已。

孔子认为真正聪明的人，不会这么高调地做让很多人都厌恶的事情。

5.19

[释义]

子张问曰："令尹子文三仕为令尹，无喜色；三已之，无愠色。旧令尹之政，必以告新令尹。何如？"子曰："忠矣。"曰："仁矣乎？"
曰："未知。焉得仁？"

"崔子弑齐君，陈文子有马十乘，弃而违之。至于他邦，则曰：
'犹吾大夫崔子也。'违之。之一邦，则又曰：'犹吾大夫崔子也。'违
之。何如？"子曰："清矣。"曰："仁矣乎？"曰："未知。焉得仁？"

[释义]

子张问："楚国的令尹子文多次做令尹，但是看不出来很高兴；多
次被罢免，也看不出来很怨恨。每次去职的时候，都会很认真地和新任
令尹交接工作。这个人怎么样呢？"孔子说："尽忠职守。"子张问："符
合仁德的标准吗？"孔子说："没有做到'智'。这个怎么能算仁德呢？"

子张又问："齐国的崔杼弑齐庄公，陈文子有十辆四匹马驾的车，
他全都不要了，逃到其他国家。到了其他国家，他说：'这里的执政跟
我们国家的崔大夫差不多。'又到了一个国家，他说：'这里的执政跟
我们国家的崔大夫差不多。'这个人怎么样？"孔子说："是个清白的
人。"子张问："符合仁德的标准吗？"孔子说："没有做到'智'。这个
怎么能算仁德呢？"

[智慧]

令尹，楚国的宰相称作令尹。子文，就是斗谷於菟，子玉之前很
有名的一位令尹。

崔子，即崔杼。崔杼杀了齐庄公，立庄公的弟弟为君，史官坚持
记录"崔杼弑其君"。崔杼杀了这位史官，让他的弟弟也是史官重新
写，第二位史官从容写下"崔杼弑其君"，又被崔杼杀了。这两位史官
的弟弟也是史官，他来了之后，知道了两位哥哥因为如实记录而被杀
掉，于是继续从容地写下"崔杼弑其君"。同时，另外还有其他史官先

写好了"崔杼弑其君"而正在去宫中的路上。崔杼一声叹息，知道秉笔直书的太史不会屈服于他的淫威，于是不再杀人。《左传》上留下了"崔杼弑其君"的记录。

但是，仅仅"忠"不够，仅仅"清"也不够，还要"智"。不能仅从一件事情或者一方面来考察一个人，而要全方位审慎地考察之后，才能评价这个人是否符合仁的标准。

在孔子的心目中，"仁"的标准很高。

5.20

[原文]

季文子三思而后行。子闻之，曰："再，斯可矣。"

[释义]

季文子做事情总是反复衡量思量之后再行动。孔子听到，说："想两次也就可以了。"

[智慧]

"三"表示多次，季文子想了多次，有些优柔寡断、犹豫不决，以至于耽误了行动时机。所以孔子说，想一想就可以了，不能总是想而不决，想而不做。

什么样的人会想啊想，就是不行动？太计较得失或者太缺乏信心的人，会有这个情况。凡事都要有个度，要适当，不偏不倚，就是"中和"，想和做的关系也是一样，不能莽撞也不能拖延。

如今，"三思而后行"，表示一个人做事情深思熟虑而不莽撞。但是当初孔子显然不是这个意思。

5.21

[原文]

子曰："宁武子，邦有道，则知；邦无道，则愚。其知可及也，其愚不可及也。"

[释义]

孔子说："宁武子，在国家太平时节，很智明；在国家昏暗时节，就装傻。他的智明是可以赶得上的，他的装傻别人是赶不上的。"

[智慧]

宁武子，即宁俞，卫国大夫。卫国的君主大多不务正业，也不求上进，但是这个国家不停地盛产贤臣。宁武子在历史上没有留下太多的事迹，更多的是因为孔子对他的这句有名的评价而流传后世。在卫国这样一个昏君迭出的诸侯国，做一个会装傻的臣子很有必要。

以装傻的方式明哲保身，苟全性命于乱世，留着有用之身，以待明主，这不失为聪明的士大夫在乱世的一种生存智慧。如今"愚不可及"形容极蠢，是贬义；但是当初孔子说的不是贬义。

孔子不主张愚忠，对待有道明君自然要尽忠竭力，可是遇到桀、纣一样的昏君，即便忠臣效死也无非多一个冤魂而已，于事无补而死，甚是无谓。

5.22

[原文]

子在陈，曰："归与！归与！吾党之小子狂简，斐然成章，不知所以裁之。"

[释义]

孔子在陈国，说："回去吧，回去吧！我们那里的学生狂放耿直，做的文章文采飞扬，我都不知道该怎么指导他们了。"

[智慧]

"陈"，陈国，周武王封舜的后代在陈国。

孔子不仅识人，更善于夸人。

5.23

[原文]

子曰："伯夷、叔齐不念旧恶，怨是用希。"

[释义]

孔子说："伯夷、叔齐不计较别人的旧怨，于是别人也就很少记恨他们了。"

[智慧]

伯夷、叔齐，孤竹君的两个儿子，父亲去世之后，互相谦让君位，就一起跑出去了。后来周武王起兵伐纣，伯夷、叔齐拦住武王，劝他不要以臣伐君，周灭商，伯夷、叔齐誓不食周粟，饿死在首阳山。孔子对于伯夷、叔齐反对武王讨伐昏君这件事情，并没有表现出赞赏的态度，如前所述，孔子并不绝对赞赏愚忠，但是伯夷、叔齐是真正的谦谦君子，孔子对他们其他很多符合仁德的行为还是非常赞赏的。

《史记》列传排名第一的是谁？《伯夷叔齐列传第一》。世家排名第一是谁？《吴太伯世家第一》。为什么这样编排？伯夷、叔齐不屑于国君的位子，以情谊为重；泰伯为了实现父亲传位给三弟的心愿，和二弟仲雍逃出西岐，披发文身，发誓不再回到故土，不但孝顺还有情谊。司马迁写《史记》，最为推崇谁？礼让君子。

中国历史上有个说法，叫"千古两司马"，就是司马迁和司马光，分别撰有《史记》《资治通鉴》。这两部书越早读，对人生越有价值。

5.24

[原文]

子曰："孰谓微生高直？或乞醯焉，乞诸其邻而与之。"

[释义]

孔子说："谁说微生高很直爽？有人向他要一点儿醋，他自己没有却不直说，而是找邻居借了一点儿给那个人。"

[智慧]

孔子认为，有就是有，没有就是没有，这才是直爽。不论大小事情都一样，即便是吃个饺子借个醋，也要耿直。

微生高，《战国策》有记载，诚信到了极致的一个人。和别人相约桥下，对方一直没有来，他绝不离开，后来桥下涨水，他直到被淹死也没有离开约定的地点。以今天的观点，怎么想都觉得太不可思议了。不过，也许在那个时代，君子的诚信就是那样："死等"。

5.25

[原文]

子曰:"巧言、令色、足恭,左丘明耻之,丘亦耻之。匿怨而友其人,左丘明耻之,丘亦耻之。"

[释义]

孔子说:"花言巧语,善于伪装,表面上对人恭顺,这种行为左丘明认为可耻,我也认为可耻。把不满和怨恨埋在心里,却表现得对别人很友好,这种行为左丘明认为可耻,我也认为可耻。"

[智慧]

孔子,子姓,孔氏,名丘,字仲尼。在古代,在《论语》中,孔子自称"丘"的时候,这个字读"某"以避讳。

左丘明,就是《春秋左氏传》的作者。《春秋左氏传》简称《左传》。

孔子主张表里如一。

5.26

[原文]

颜渊、季路侍。子曰:"盍各言尔志?"子路曰:"愿车马衣轻裘与朋友共,敝之而无憾。"颜渊曰:"愿无伐善,无施劳。"子路曰:"愿闻子之志。"子曰:"老者安之,朋友信之,少者怀之。"

[释义]

颜渊和季路在孔子身边。孔子说："为什么不说一下你们各自的志向?"子路说:"我愿意把自己的车马和衣服与朋友共同使用,即便是坏了也没有什么不满的。"颜渊说:"不夸耀自己的优点,不麻烦别人劳神费力。"子路说:"我们想知道老师的志向。"孔子说:"老年人都能得到安养,朋友使他信任我,年少的人能得到照顾。"

[智慧]

《礼记》中记载了孔子大同社会的理想,这里孔子所述也是大同社会的镜像。

大同社会怎么实现?我以为,在一定范围内,一个小团体实现大家共同的目标,也可以说实现了一个"小大同社会",由小积多,就可以实现。

5.27

[原文]

子曰:"已矣乎!吾未见能见其过而内自讼者也。"

[释义]

孔子说:"算了吧!我还没有见过犯了错误就能在内心进行自我反省和批评的人。"

[智慧]

"讼",反省、批评。"自讼"是"慎独"的一种表现形式。

人的天性是犯了错误更愿意找外在原因,不喜欢被责备,不喜欢别人对自己的负面评价和情绪。所以，孔子教育学生们，出现了问题，要先从自己的内心反思自己，看看自己有没有做错。不是不可以找外在因素，而是要先反思自己，再考虑客观原因，这样形成习惯，就自然会提升个人的修养，减少主观犯错误的情形了。

5.28

[原文]

子曰："十室之邑，必有忠信如丘者焉，不如丘之好学也。"

[释义]

孔子说："即便只有十户人家的地方，也一定会有像我这样忠诚守信的人，只是不如我好学罢了。"

[智慧]

做人既要忠信，也要好学，二者相辅相成。缺乏忠信，知识越多反而越会走向做人的反面，会经常做一些有害的事情；只有忠信，但是没有文化知识，就会流于愚忠甚至鲁莽，而被别有用心的人利用。

雍也第六

[原文]

子曰："雍也可使南面。"

[释义]

孔子说："冉雍，可以让他做官员。"

[智慧]

坐北朝南是古代最为尊贵的位置，天子、诸侯、士大夫都是坐在这个方位办公的。冉雍不会做天子或者诸侯，所以此处应该指做普通的官员。

孔子能识人，积极推荐学生从事相应的工作。

[原文]

仲弓问子桑伯子，子曰："可也简。"仲弓曰："居敬而行简，以临其民，不亦可乎？居简而行简，无乃大简乎？"子曰："雍之言然。"

[释义]

仲弓问子桑伯子这个人的做事风格，孔子说："子桑可这个人，做事很简单。"仲弓说："本身严肃认真，做事力求简便，这样治理百姓，不就可以了吗？如果本身态度就过于简单，做事还要力求简便，这样治理百姓，不就太过于简单了吗？"孔子说："冉雍的话是对的。"

[智慧]

子桑伯子，即子桑可。

孔子和冉雍讨论子桑伯子的行事风格，孔子主张做事情可以简单，但是经过冉雍的追问，孔子坦然予以修正，使得主张更加清晰：把事情想清楚，仔细规划，化繁就简，这是可以的，也是值得推崇的；但是本身就把事情想得很简单，没想清楚，也缺乏必要的规划，行事再简单，那就不值得推崇了。

6.3

[原文]

哀公问："弟子孰为好学？"孔子对曰："有颜回者好学，不迁怒，不贰过。不幸短命死矣。今也则亡，未闻好学者也。"

[释义]

鲁哀公问孔子："您的弟子谁好学？"孔子回答说："颜回非常好学，他不会把怒气发泄在不相干的人身上，也不会犯同样的错误。很不幸，他年龄不大就去世了。现在没有这样的弟子了，没听说谁好学。"

[智慧]

在孔子71岁的时候，颜回故去，享寿41岁。

"迁怒"，就是把怒气发泄在不相干的人身上。为什么人会发泄怒气在不相干的人身上呢？因为让他发怒的人，不好惹或者不敢惹。怒气肯定需要一个发泄口，但是对不相干的人，更甚者是对自己的亲人，无缘无故地发泄怒气，显然是一个很糟糕的选择。

6.4

[原文]

子华使于齐，冉子为其母请粟。子曰："与之釜。"请益。曰："与之庾。"冉子与之粟五秉。子曰："赤之适齐也，乘肥马，衣轻裘。吾闻之也：君子周急不继富。"

[释义]

公西华出使齐国，冉有替他的母亲向孔子请求要一些小米。孔子说："给一釜。"冉有请求增加一些。孔子说："再加一庾。"冉有却给了五秉。孔子说："公西华到齐国去，乘坐大马驾的车，穿着又暖和又轻质的锦袍。我听说：君子救济穷困的人，但是不为富有的人锦上添花。"

[智慧]

釜、庾、秉，都是古代的容器，釜的容量是六斗四升，庾的容量是两斗四升，秉的容量是八百斗。

老子曾说："天之道，损有余而补不足；人之道则不然，损不足而补有余。"老天爷总是在人穷途末路的时候给人活下来的机会，这是雪中送炭；而人呢，总是觉得要恭维那些已经很富有的人了，这是锦上添花。

李白说"千金散尽还复来"，真正富有的人是知道向外发散的，把自己财富的一部分给有需要的人，这样他会更加富有。

6.5

[原文]

原思为之宰，与之粟九百，辞。子曰："毋！以与尔邻里乡党乎！"

[释义]

原思做孔子家的总管，孔子给了他小米九百，原思觉得太多，就推辞。孔子说："不要推辞！（如果觉得多，）你可以把这些小米分给你的老乡。"

[智慧]

孔子做过鲁国的大司寇，可以任用家臣，聘请原思为家臣。原思是孔子的弟子。

孔子对待公西华和原思福利待遇的态度截然不同。对待公西华，孔子觉得他已经很富有了，给他再多也不会让他生活更好，反而会造成浪费；而对原思，本来已经很贫穷，还很有骨气，属于和颜回一样安贫乐道的君子，那么孔子就会多给一些。

原思不好意思多领工资，孔子没有说是救济你的，而是说多的可以分给你的老乡，不但周济了原思，还很注意顾及原思的脸面。孔子情商高啊。

6.6

[原文]

子谓仲弓曰："犁牛之子骍且角，虽欲勿用，山川其舍诸？"

[释义]

孔子对仲弓说："耕牛的儿子长着赤色的毛和整齐的牛角，虽然不会用来祭祀，但是山川之神难道会舍弃它吗？"

[智慧]

耕牛的儿子因为毛色不纯正，所以虽然角很整齐，也不会被选作祭祀用；如果毛色纯正且牛角整齐，那么即便是耕牛的儿子，也会被选作祭祀用。这是鼓励弟子，即便出身不是贵族或者官宦人家，只要自己的足够优秀，还是有机会进入仕途，实现自己的理想抱负的。

春秋时期，基本上只有贵族和他们的家臣以及后代才有机会进入官宦体系。战国时期出现了人才急剧紧缺，各诸侯国拼命抢夺人才，不问出身，只要有能力，都有机会当官，但是能不能顺利退休就各安天命了。

6.7

[原文]

子曰："回也，其心三月不违仁，其余则日月至焉而已矣。"

[释义]

孔子说："颜回，他的心可以长久地不违背仁德的标准，其他的弟子只是某天某月才能做到吧。"

[智慧]

孔子欣赏颜回好学、聪慧、安贫乐道等。《论语》里多处可以看到孔子对颜回的赞赏，以及对颜回英年早逝的惋惜之情。

很多人都会犯一个毛病：心情愉快且平静的时候，做事彬彬有礼不急不慌，十足君子之风；心情不好特别是受了委屈，周围所有的人和事都看不顺眼，暴躁且慌乱，与之前的君子之风判若两人。所以，能控制住自己的心境，控制住自己的情绪，无论心情好坏都能心存善念，一以贯之，那才是颜回一样的君子。

6.8

[原文]

季康子问："仲由可使从政也与？"子曰："由也果，于从政乎何有？"曰："赐也可使从政也与？"曰："赐也达，于从政乎何有？"曰："求也可使从政也与？"曰："求也艺，于从政乎何有？"

[释义]

季康子问孔子："仲由，可以让他从政吗？"孔子说："仲由果敢决断，从政有什么困难呢？"又问："端木赐可以让他从政吗？"孔子说："端木赐见识通达，从政有什么困难呢？"又问："冉有，可以让他从政吗？"孔子说："冉有多才多艺，从政有什么困难呢？"

[智慧]

其实，孔子不太愿意让这三位弟子出仕，其实是有原因的。仲由

（子路），勇敢果决，但是缺少柔韧性；端木赐（子贡），有才又有财，但是难以明察秋毫；冉求多才多艺，但是对很多他看不惯的事情较真，反而会把政务搞得细碎。另外，孔子一直反对三桓，不愿意弟子给三桓做家臣。

三人的优点如果结合在一个人身上，倒是适合做官。不过如此求全责备，实在太难了。

6.9

[原文]

季氏使闵子骞为费宰。闵子骞曰："善为我辞焉！如有复我者，则吾必在汶上矣。"

[释义]

执政的季氏想让闵子骞做费地的官员。闵子骞说："好好替我推辞掉吧！如果再召我去上任，我就跑到汶河去了。"

[智慧]

闵子骞，即闵损，字子骞，孔子的弟子。

孔门绝大多数的弟子不愿意与权臣三桓合作。季康子找孔子要人，选择了子路、子贡、冉求，孔子找借口推脱掉了。这一次季康子干脆直接找闵子骞，绕过了孔子，可是闵子骞比他老师直接多了：不行就是不行，你要是逼我，我就跑路，宁肯不在鲁国混了，也不给你季氏做家臣。

真正的贤人，发现国君或者世道很坏，干脆就躲起来，如果发现诸侯国环境很坏，那么就逃离这个诸侯国。这是保全自己不做无谓牺牲的智慧。

6.10

[原文]

伯牛有疾，子问之，自牖执其手，曰："亡之，命矣夫！斯人也而有斯疾也！斯人也而有斯疾也！"

[释义]

冉伯牛生了病，孔子去探望他，透过窗户握住他的手，说："完了，这就是命啊！这样的人竟然有这样的病！这样的人竟然有这样的病！"

[智慧]

伯牛，即冉耕，字伯牛，孔子的弟子。

估计这一次冉伯牛病得很重，而且很可能具有传染性，或者是病中的样子很难看，所以冉伯牛都没有让老师进屋子里看望自己，而是隔着窗户拉着手告别。孔子很感伤，发出了感慨：为什么让冉伯牛得这样的病啊。

《论语》里记载的重病和死亡的故事不多，主要是伯牛重病告别，孔子、曾子生病，以及颜回故去。

《论语》记载孔子和弟子们的言行，也有一些是日常生活的记录，并不见得每一句话都要有很深刻的做人的道理。

6.11

[原文]

子曰："贤哉，回也！一箪食，一瓢饮，在陋巷，人不堪其忧，回也不改其乐。贤哉，回也！"

[释义]

孔子说："多么有修养啊，颜回！一筐饭，一瓢水，住在简陋的小巷子里，别人都受不了那苦，可是颜回却不改他的快乐。多么有修养啊，颜回！"

[智慧]

这是安贫乐道的经典描述了。如果把《论语》里孔子评价颜回的话都总结在一起，就能看出来颜回为什么如此受孔子的重视和认可：孔子主张做人的标准，颜回都符合。

颜回是一个精神修养极高的人，生活如此清贫还能真心找到生活的乐趣，超脱了凡人对衣食住行的孜孜追求。贫穷还能真的快乐，这绝对不是一般人可以做得到的。

我们可以安贫，但不应该乐贫。孔子从来没有让我们主动放弃财富，或者不齿于追求财富，孔子不主张苦行僧式的生活。恰恰相反，子贡的事例告诉我们，孔子既欣赏颜回的安贫乐道，也欣赏子贡的生财有道。通过自己的努力，获取更多的财富和更好的生活，无可厚非，同时，如果能追求正向的精神享受，那么人生就会更加丰满。

6.12

[原文]

冉求曰："非不说子之道，力不足也。"子曰："力不足者，中道而废。今女画。"

[释义]

冉求说："我不是不喜欢您的学说，可是我的力量不够。"孔子说："力量不够的人，走到半路上走不动了，才会停止。可是你现在根本没有开始行动啊。"

[智慧]

这段对话可以看作是对所有想要践习"仁德"和追求"忠恕之道"的人所存顾虑的标准答案：你觉得这个事情是对的，你觉得这个道理是对的，你觉得这个目标是你想要实现的，那就立刻去做！只要你开始做，每一步都距离成功更近一些，即便没有最终实现目标，你也是在努力奋斗的路上筋疲力尽停了下来，所谓"功未成，荣犹在"。

做君子就是这样：向君子之道的目标前进，每一步都是进步。从今天开始，不要和父母顶嘴，每天都能和他们说几句话，无论是打电话还是见面；朋友提出的要求，过一下脑子，觉得有能力才应允，让别人发现你越来越"靠谱"了；去餐厅吃饭，上菜慢了，把对服务员的吼叫改成轻声细语的催促……日行一善，距离君子越来越近。这就是君子之道。

6.13

[原文]

子谓子夏曰："女为君子儒！无为小人儒！"

[释义]

孔子对子夏说："你要做君子式儒者，不要做小人式儒者。"

[智慧]

小人儒，就是书读得好，理论知识扎实，但是缺乏实践，不懂人情世故，解决不了实际问题，更为要命的是，固执己见，坚定地相信自己的理论知识放之四海而皆准，不懂变通，结果处处碰壁，一事无成。

君子儒，有理论知识，也有解决实际问题的能力，懂得人情世故，明白练达，不但能做事，还能把事情做好。

反躬自省，自己可谓君子儒乎？小人儒乎？

6.14

[原文]

子游为武城宰。子曰："女得人焉耳乎？"曰："有澹台灭明者，行不由径，非公事，未尝至于偃之室也。"

[释义]

子游在武城做长官。孔子说："你这里有什么人才吗？"子游说："有一个叫澹台灭明的人，走路不走小道，如果不是公事，从来不到我的屋里来。"

[智慧]

子游，即言偃，字子游，孔子的弟子。

澹台灭明，澹台是复姓，《史记》里把他列为孔子弟子之一。不过从子游说"有一个叫澹台灭明的人"来看，至少这个时候澹台灭明还不是孔子的弟子。

孔子问是否"得人"，意思就是有没有君子。走路走大路，没有公事不去领导的房间，这样的人可以称为是君子了。

6.15

[原文]

子曰："孟之反不伐。奔而殿，将入门，策其马，曰：'非敢后也，马不进也。'"

[释义]

孔子说："孟之反这个人有功却不夸耀。军队溃退的时候，他负责殿后，成功退入城中，快进入城门的时候，他鞭打他的马，说：'不是我敢于殿后，是我的马不向前走。'"

[智慧]

孟之反，鲁国将军。鲁国与齐国战争失利，军队溃退，孟之反负责殿后，让残余部队成功脱逃。

争是不争，不争是争，"夫唯不争，故天下莫能与之争"。老子告诉我们，不自己表现自己，反而让别人看得很清楚；不自以为是，反而让别人都看得见我们的成绩；不自我夸耀，反而会有功劳；不骄傲自满，所以能长久。

孔子也推崇孟之反，客观上佐证了儒道不分家的本源。

6.16

[原文]

子曰："不有祝鲍之佞，而有宋朝之美，难乎免于今之世矣！"

[释义]

孔子说："没有祝鲍的口才，只有宋朝的美貌，在当今是很难免于灾祸了。"

[智慧]

祝鲍，卫国的大夫，以口才好而著称。

宋朝，宋国的公子，在卫国做大夫，以外貌俊美而著称。

孔子对他所处的春秋时期是大为不满的。孔子慨叹，在"看脸"的时代，只是好看也不能免祸，你还要有好的口才，能够说服君主任用你。

6.17

[原文]

子曰："谁能出不由户？何莫由斯道也？"

[释义]

孔子说："谁能不走屋门就出去呢？为什么没有人愿意走我这条路呢？"

[智慧]

孔子觉得他所主张的"仁德"是每个人都应该践行的基本伦理，就好像每个人走出屋子都要经过门一样简单，但是为什么大家不愿意学习并实践他的理论呢？

圣人最悲哀的事情，是"大道不行"，就是已经给天下众生找到了简单的幸福之路，却眼睁睁看着大家都玩命似的跳窗户，就是不走门。

孟子说："父母俱在，兄弟无恙；仰不愧于天，俯不怍于人；得天下之英才而育之。"父母都在世，兄弟姐妹都很好；抬头看看对得起天，低头想想没有愧对别人；得到可塑之才，然后教育他。这就是人生最幸福的时候。

一个有思想的人，找到一个可以传授衣钵的后生，是一件多么幸运又多么快乐的事情啊，反之亦然。

6.18

[原文]

子曰："质胜文则野，文胜质则史。文质彬彬，然后君子。"

[释义]

孔子说："朴实多于文采，人难免粗野；文采多于朴实，人难免虚浮。文采与朴实恰到好处，就是一个君子了。"

[智慧]

文质彬彬，现在用来形容文雅有礼的样子。孔子认为这是一种朴实与文采相得益彰，实现最佳配比的状态。

6.19

[原文]

子曰："人之生也直，罔之生也幸而免。"

[释义]

孔子说："正常人的人生应该是因为正直得以生存，那些取巧谄佞的人虽然也可以生存，但那是侥幸活下来的。"

[智慧]

正直的人，踏踏实实地活着，不侥幸，不苟且，不谄媚，不骄纵。一步一个脚印，不紧不慢，按部就班地生存和发展，这样的人从骨子里透出一股自信和独立的气质。

不正直的人，投机取巧，依靠对上谄媚、对下严苛的方式侥幸生存。那是什么状态呢？就是压抑人性，卑躬屈膝，为达目的不择手段，忽然一夜暴富，一夕成名，然后耀武扬威，骄奢淫逸，忽然一夜之间，灰飞烟灭，就像一只扒住井口看了看天又被扔下井底的小青蛙。"眼见他起高楼，眼见他宴宾客，眼见他楼塌了"，依靠取巧获得的名与利，大都是这个状态。

6.20

[原文]

子曰："知之者不如好之者，好之者不如乐之者。"

[释义]

孔子说:"(做任何事情)懂得它的人不如喜爱它的人,喜爱它的人不如以它为乐的人。"

[智慧]

我们大部分人对自己的工作能够做到"知之"就很不容易了,那是需要娴熟的专业技巧和能力的;能"好之"就更不易了,有高超的专业技能,有优良的工作业绩,而且能够干一行爱一行,心甘情愿地投入时间和精力;如果能"乐之",就是能从自己的工作中找到乐趣,让自己很快乐,实在是非常不容易,也是事业的最高境界了。

6.21

[原文]

子曰:"中人以上,可以语上也;中人以下,不可以语上也。"

[释义]

孔子说:"智力中等水平以上的人,可以对他讲比较深刻的学问;智力中等水平以下的人,不可以对他讲比较深刻的学问。"

[智慧]

这是一个教与学对象匹配的问题。

有这样一个故事:一个人找到孔子的一位弟子,问"一年有几季",弟子说"四季啊",这个人说"不对"。二人争论不休,找孔子解决。孔子仔细看了看那个人,对弟子说:"一年是三季,你输了。"弟子心不甘情不愿地认错,然后那个人心满意足地离开了。弟子越想越觉得窝囊，就问为什么，孔子说，对人来说一年四季，但是那个人是螳蚰人，就是螳蚰变的人，螳蚰就是蝉，也叫知了，夏天趴在树上"知了、知了"叫，这种虫子春末夏初生，秋天死，从来没见过冬天，所以在他们的世界里，一年只有三季，你没有办法向一个没见过冬天的蝉去解释一年有四季这件事情。

这个故事告诉我们，说什么话要看不同的对象，不要把自己的观点强加给别人，也不要试图去给别人解释或者灌输他完全不理解、不明白或者不会接受的事情。

6.22

[原文]

樊迟问知。子曰："务民之义，敬鬼神而远之，可谓知矣。"问仁。曰："仁者先难而后获，可谓仁矣。"

[释义]

樊迟问孔子什么是智慧。孔子说："在百姓当中提倡道德，让他们尊敬但是远离鬼神，这就是智慧了。"又问什么是仁德。孔子说："先付出努力，然后收获，这就是仁德了。"

[智慧]

"子不语：怪、力、乱、神。"孔子对于神秘的东西，搁置不论。孔子讲的是儒学，进行的是教育，讲究"脚踏实地"，先付出，再收获。

"脚踏实地，屁股坐稳"，这是我送给孩子的座右铭。

6.23

[原文]

子曰："知者乐水，仁者乐山。知者动，仁者静。知者乐，仁者寿。"

[释义]

孔子说："聪明的人喜欢水，仁德的人喜欢山。聪明的人好动，仁德的人好静。聪明的人快乐，仁德的人长寿。"

[智慧]

我认为，这里引用了"互文"这种修辞手法，就是看起来工整对仗，前后说两件事情，其实说的是一件事情。也就是说，这段话意思是：聪明且有仁德的人，喜欢山水，能够从大自然之美中找到快乐；该活泼就活泼，该沉静就沉静；既快乐，又长寿。

北宋苏轼大概就是这样的人。他一生处处走背字，可是他把自己的一生过成了童话，他死后，后人把他的一生描述成了神话。

有知识，有文化，脑子灵活，孝顺父母，友爱兄弟姐妹，对朋友诚信，对周围的人友善，喜欢游山玩水，还能偶尔做个诗、写个赋，在朋友圈发一篇有文采的小游记；参加各种活动都比较积极，自己独处时不觉得孤独，而是能安静地思考，还能想明白一些道理，有独立的思想，不骄纵、不谄媚，不陷害别人，也能识破小人挖的陷阱。就是这样的人，每天都很快乐，高高兴兴地活了很大的岁数。多么令人向往的人生状态啊，这种人，我们称为"通透"，就是"活明白了"。

6.24

[原文]

子曰："齐一变，至于鲁；鲁一变，至于道。"

[释义]

孔子说："齐国的制度如果变化了，就发展成鲁国的样子了；鲁国的制度如果变化了，那就符合大道了。"

[智慧]

春秋时期发展脉络有两条：一条是军事政治脉络，主要是北方的晋国和南方的楚国之间的争霸；另一条是文化脉络，就是鲁国和齐国代表的那个时代的中华道统文明，代表者就是孔子，宋国代表的夏商文化，代表者是墨子，楚国代表的江淮岭南文化，代表者就是老子。

这里的道，应该理解为中华道统。我认为，道统就是中华文明传承的汇总，可以上溯到伏羲氏，沿着炎黄文化，上三代特别是周文王、周公、孔子思想，历朝历代不断地修正、不断地添砖加瓦、不断地去伪存真，一路传承下来，形成了越来越厚重的中华文明。

诸侯国中，鲁国的礼仪最规范，制度保存最完整。春秋战国时期一直都以鲁国为天下礼仪的典范和表率，甚至于还有周天子和诸侯国到鲁国去找周朝初年礼仪典籍的历史。

齐国经济发达，学术讨论氛围很热烈，齐桓公时期就建立了中国最早的官办学校，发展到后来就是战国时期著名的稷下学宫，天下思想汇聚，所以齐国非常重视学术理论研究。

因此，齐国如果向鲁国学习，很容易也会成为礼仪规范之邦，而鲁国已经是天下礼仪典范了，他如果还要发展，那就是对中华传统文化的贡献了，就更接近那个"复礼"的大道了。

6.25

[原文]

子曰："觚不觚，觚哉！觚哉！"

[释义]

孔子说："觚不像个觚的样子，这还是觚吗！这还是觚吗！"

[智慧]

"觚"，饮酒的容器。

孔子说这句话的意思，肯定不是喝多了评价酒杯做工不好。估计是对当时什么人、什么事情不满意，或者是觉得国家制度或者当政者的价值取向不伦不类，就像上圆下方的觚，器型没做好，说觚还不是，说不是觚吧，又是按照觚的样子去打造的。总之，是一种隐喻批评吧。

6.26

[原文]

宰我问曰："仁者，虽告之曰：'井有仁焉。'其从之也？"子曰："何为其然也？君子可逝也，不可陷也；可欺也，不可罔也。"

[释义]

宰我问孔子："仁德的人，即使告诉他'井里有仁德之人'，他会不会也跳下井去呢？"孔子说："为什么要这么做呢？君子可以让他离开，但是不能陷害他；可以欺负他，但是不能羞辱他。"

[智慧]

不要以戏弄朴实善良的人来取乐。那些自以为聪明的人，拿别人取乐，最后成为笑话的一定是自己。士可杀不可辱，何况君子乎？

孔子也告诫那些善良的仁者，应该做一个有仁德但是聪明灵活的人。不要做腐儒，就是刻板机械地履行所谓的礼仪和古训，不懂得变通，结果整个人都食古不化，成为别人陷害和羞辱的对象。

6.27

[原文]

子曰："君子博学于文，约之以礼，亦可以弗畔矣夫！"

[释义]

孔子说："君子广泛地学习各种文献，以礼仪来约束自己，也可以让自己不至于离经叛道了。"

[智慧]

这是孔子挂在嘴边的话：既要有知识，也要有修养，学会慎独。

6.28

[原文]

子见南子，子路不说。夫子矢之曰："予所否者，天厌之！天厌之！"

[释义]

孔子去见南子，子路不高兴。孔子发誓："我如果有不合乎礼仪的行为，老天都抛弃我！老天都抛弃我！"

[智慧]

南子，卫灵公的夫人，私生活混乱。南子以卫国国君夫人的身份召见孔子，在召见之前驾车招摇过市，让国人看到南子要召见孔子了。虽然南子和孔子各乘各车，但是子路不高兴：老师你每天给我们讲仁义道德，遇到美女你就挪不动步，跟着人家招摇过市的，你这样对吗？何况这个女人口碑这么差。

子路是一个耿直的人，甚至有些憨直，只有他和孔子说话可以直来直去，从不含蓄。孔子急得发誓：如果我做了自己都否定的事情，老天都会抛弃我。

孔子会不会和南子有什么不合礼仪的事情呢？肯定不会。外臣孔子拜见国君夫人，只有礼数；孔子对自己的道德要求极高，绝不会沉迷女色。我认为，国君夫人召见，孔子不能不去，仅此而已。

6.29

[原文]

子曰："中庸之为德也，其至矣乎！民鲜久矣。"

[释义]

孔子说："中庸这种道德标准，应该是最高的了！只是百姓已经长久缺乏它了。"

[智慧]

中庸思想，不偏不倚，凡事处于恰当、适合的状态。能达到这种状态，是孔子认为的最高级的道德标准了。

道德，一定要往宽处想：不是只有捡钱包、扶老奶奶过马路这样的事情才有道德；能约束好自己，不给社会添麻烦，更是有道德。一个人，先让自己保持一个好的生活状态和心理状态，然后才能有善心去捡钱包和扶老奶奶过马路，再然后才能教育别人去捡钱包和扶老奶奶过马路。我觉得这就是孔子的道德标准：先自觉，再觉他，所谓"修己达人"是也。

6.30

[原文]

子贡曰："如有博施于民而能济众，何如？可谓仁乎？"子曰："何事于仁！必也圣乎？尧、舜其犹病诸！夫仁者，己欲立而立人，己欲达而达人。能近取譬，可谓仁之方也已。"

[释义]

子贡问："如果有这么一个人，他能广泛地实行仁政，让百姓都得到实惠，怎么样呢？可以说是仁德了吗？"孔子说："这样的人岂止是仁人呢？这简直就是圣人了！尧、舜也不一定做得到啊！想要践行仁德的人，他自己要想站得住，也要让别人站得住；他自己要想做事顺畅通达，也要让别人做事顺畅通达。能从眼前的事情中找到仁德的路径，一步一步去做，这就是实现仁德的方法。"

[智慧]

儒家入世，研究人与人之间的关系，核心就是换位思考：你想要的，别人也想要；你讨厌的，别人也讨厌。这就是同理心。

做人的路怎么会越来越宽，又怎么会越来越窄？你要吃饭，也要让别人有饭吃，你要喝水，也给别人留一口，这样的路就会越来越宽。你要吃饭，吃得干干净净，恨不得吃不下的打包带走或者喂狗，都不留给别人，这样怎么会还有路呢？

我们做事情，想想自己也想想别人，凡事不要做绝，给别人留个脸面、留条后路，做人厚道一些，真正受益的是自己和后代。

述而第七

7.1

[原文]

子曰："述而不作，信而好古，窃比于我老彭。"

[释义]

孔子说："传述但是不创作，相信且爱好古代的文化，我觉得自己很像我们的老彭。"

[智慧]

述而不作，这是孔子的治学思想，就是讲述道理，但是不写书，不必把自己的思想汇成类似《孔丘思想录》之类的东西。

孔子很有思想，很有成就，但是不急于把这些思想和文化变成流传万世的典籍。

老彭，据说是商朝的一位士大夫，也有人说是彭祖，总之是商朝人。孔子是商朝后裔，所以采用了"我们的老彭"这个亲切的称呼。

[原文]

子曰:"默而识之,学而不厌,诲人不倦,何有于我哉?"

[释义]

孔子说:"学到的知识用心记住,学知识而不满足,教导别人却不疲倦,我做到哪些了?"

[智慧]

这应该是孔子反思自己学习和教育学生的态度,也可以看作是为人师表者该有的职业态度和素养。

陈寅恪在清华大学做老师的时候,曾经有"四不讲":前人讲过的,不讲;今人讲过的,不讲;外国人讲过的,不讲;自己以前讲过的,不讲。作为老师,主动精进,固然是好,但是难以要求所有的老师都能有这么高的标准。

孔子在这里讲的三点为师之道,老师们可以参考。

[原文]

子曰:"德之不修,学之不讲,闻义不能徙,不善不能改,是吾忧也。"

[释义]

孔子说:"知道什么是仁德却不培养,有了学问却不讲习,听到了道义却不能亲身践行，有了缺点却不能改正，这些是我所担忧的事情。"

[智慧]

我觉得把四点反过来，刚好是修养的进阶：平时犯了错误，是不是能及时改正；听说了好的做人做事的道理，是不是能虚心请教，认真学习；有了一些学问，是不是能经常复习实践，也能影响身边其他人；明确了什么是自己要修的仁德，自我培养、自我修正。

孔子提出的担忧，今天不存在了吗？还是更严重了？值得自己对照。

7.4

[原文]

子之燕居，申申如也，夭夭如也。

[释义]

孔子平时闲暇时，态度非常安稳，神情非常舒缓。

[智慧]

弟子们描述孔子平时闲暇的状态，很安静，很平和。

很多人忙着的时候想，如果闲下来，要读一本书，要打扫房间，要约上朋友去钓鱼……可是真的闲下来了，忽然就迷茫了，忽然想起来要做点儿什么了，发现一天又过去了。

过劳，过逸，都是人生失衡的状态；劳逸结合，才能真正实现自己生命的根本价值和人生的终极目标。

7.5

[原文]

子曰："甚矣吾衰也！久矣吾不复梦见周公。"

[释义]

孔子说："我真的是太老了！我已经很久没有梦见过周公了。"

[智慧]

周公，即姬旦，周文王第四子，周武王的弟弟，辅佐周成王稳定了周初天下的统治，所谓"周公吐哺，天下归心"。流传下来有限的思想都在《尚书·周书》里面了。

面对"礼崩乐坏"，孔子觉得自己老了，梦不到周公了，也没有时间和能力继续"克己复礼"的使命了，发出一种英雄迟暮的悲凉感。

孔子没有机会长时期从政，但是他最后整理了《春秋》《易传》《论语》《孝经》等诸多中华文明的经典，这是中华文明史上值得庆幸的事情。

7.6

[原文]

子曰："志于道，据于德，依于仁，游于艺。"

[释义]

孔子说："立志追求大道，以德行为标准，以仁德为正道，以六艺来增加自己的涵养。"

[智慧]

"艺",孔子主张君子有"六艺",即礼、乐、射、御、书、数。

7.7

[原文]

子曰:"自行束脩以上,吾未尝无诲焉。"

[释义]

孔子说:"只要是以拜师礼向我请教,我从没有拒绝教诲别人。"

[智慧]

"束脩"有的解释为年龄,有的解释为肉脯。我认为,肉脯准确。当时受教育者年龄不一样,孔子的私塾教育难以按照年龄来区分何人可以受教。束脩,即十条干肉,这是给老师的见面礼。孔子是圣人,但不是神仙,教学生收取很少的学费,再正常不过了。

孔子在乎学费吗?肯定不是。束脩,对子贡来说,是九牛一毛,但是对于颜回呢,他能拿得出来吗?我以为颜回不一定能拿出来,但是他是孔子最得意的门生。

所以,这句话应该解释为:孔子认为只要给很少的拜师礼,表示了对老师的尊重和最低限度的酬劳,孔子都会很认真地接纳并教诲这个弟子。

7.8

[原文]

子曰:"不愤不启,不悱不发。举一隅不以三隅反,则不复也。"

[释义]

孔子说:"教育学生,不到他努力想也想不明白的时候,我不去开导他;不到他着急说却说不出来的时候,我不去启发他;教给他一个道理,他不能举一反三地推演出更多的道理,我就不再用同一种方法教他了。"

[智慧]

孔子让学生学会先自己思考,自己组织语言来表达,经过自己努力思考、努力表达,却还是想不明白、说不出来的时候,再进行启发式教育,而且要求能举一反三,学会用已经知道的知识去拓展其他相关知识。这就是在强调自学的能力。

看看孔子对学生的要求,做圣人的学生,要求是很高的,所以孔子有三千弟子,真正成才可以称为贤人的,只有七十二人而已。

7.9

[原文]

子食于有丧者之侧,未尝饱也。

[释义]

孔子在有丧事的人身边吃东西,从来都不会吃饱。

[智慧]

这是孔子对悲伤的人的一种同情心，以同理心来揣度他人，不会在这种悲戚的场合还顾着吃饱喝足。

我认为，儒家思想就是讲如何做人，可以简化为"内""外"两个字："内"就是在自己的家里，做到孝顺父母、友爱兄弟姐妹；"外"就是对芸芸众生，做到有同理心。

7.10

[原文]

子于是日哭，则不歌。

[释义]

孔子在这一天如果哭过，就不再唱歌。

[智慧]

这应该也是孔子尊重礼仪的一种表现形式。某一天因为某些原因悲戚过、哭泣过，就不会再唱歌了，免得情感不伦不类。

7.11

[原文]

子谓颜渊曰："用之则行，舍之则藏，惟我与尔有是夫！"

[释义]

孔子对颜渊说："如果有人用我，我就努力做事；不用我，我就自己待着。估计只有我和你是这样的人！"

[智慧]

能忙着也能闲着，这是一种难得的境界。如果有机会为国效力，我就会倾尽全力做好自己的事情；如果没有机会，那我就安静地待着，也可能会等到出山的机会，也可能就此终老一生。

对于芸芸众生而言，如果有机会，无论是事业还是学业，我们都全力以赴，做到自己能力所及的最好，而没有机会，我们也不要找捷径，脚踏实地做好自己的本分，等待机会，或者安静地过好自己的日子。如果能够做到这一点，我们其实离圣人也就不远了。

7.12

[原文]

子路曰："子行三军，则谁与？"子曰："暴虎冯河，死而无悔者，吾不与也。必也临事而惧，好谋而成者也。"

[释义]

子路说："如果请您带领三军作战，您会带谁一起去呢？"孔子说："徒手打虎，赤脚过河，死了都不后悔的人，我是不用的。我选择的人，一定是面对战争小心谨慎，认真谋划而后能够成功的人。"

[智慧]

"暴虎冯河"在《诗经》里就有，应该是春秋之前就有的俗语。

孔子推崇智仁勇三位一体的将才，要有正确的价值观，要有脑子，不逞匹夫之勇，也不被人利用。

能带队伍的人，要谋定而后动，非常谨慎，因为军事统帅的每一个决定，都会涉及很多士兵、百姓的性命。

看见老虎，空着手就冲上去了；为了过河，光着脚就下去。这样的人，在孔子看来，是匹夫之勇，可以作卒，不能作帅。

7.13

[原文]

子曰："富而可求也，虽执鞭之士，吾亦为之。如不可求，从吾所好。"

[释义]

孔子说："财富如果可以求来，那么做市场的门卫我也可以。但如果不可求，我还是做我喜欢做的事情吧。"

[智慧]

富贵如果求而不可得，就不必守在别人门口继续苦苦哀求，还不如干点儿自己喜欢的事情。

7.14

[原文]

子之所慎：齐、战、疾。

[释义]

孔子非常慎重的事情：斋戒、战争、疾病。

[智慧]

"国之大事，在祀与戎。"斋戒作为祭祀之前的一个重要程序，被孔子列为"慎重"清单之首。

除了祭祀与战争，孔子也重视人民的健康状况。

7.15

[原文]

子在齐闻《韶》，三月不知肉味。曰："不图为乐之至于斯也。"

[释义]

孔子在齐国听到了《韶》这个音乐，陶醉很久，食肉而不知味，说："没想到音乐可以如此完美。"

[智慧]

"三月"，表示很长时间。

"不知肉味"，不是不吃肉，而是陶醉于音乐中，吃什么都感觉不出美味。

孔子懂得欣赏音乐，也懂得享受生活。一个欣赏高雅艺术的人，一个博学且有趣的人，一定有可以让自己静心陶醉的爱好。

7.16

[原文]

冉有曰："夫子为卫君乎？"子贡曰："诺。吾将问之。"入，曰："伯夷、叔齐何人也？"曰："古之贤人也。"曰："怨乎？"曰："求仁而得仁，又何怨？"出，曰："夫子不为也。"

[释义]

冉有问："老师会做卫国的国君吗？"子贡说："好的，我去问一下。"进入孔子的房间，子贡问："老师，伯夷、叔齐是什么样的人呢？"孔子说："古代的贤人。"又问："他们互相谦让国君的位置，然后都没有当成国君，他们会抱怨吗？"孔子说："他们放弃国君的位置，是为了追求仁德啊，他们已经得到了仁德，有什么可以抱怨的呢？"子贡走出孔子的房间，回答冉有说："老师不会做卫国的国君。"

[智慧]

孔子周游列国，很多诸侯国都不欢迎他，甚至都提防他。孔子在卫国待的时间最长，卫国政权更迭，传出孔子要做卫国国君的谣言。弟子们不明所以，子贡以伯夷、叔齐的例子问老师的态度，"求仁得仁"，确认了老师不会干那种事情。

孔子眼光放在几千年以后，岂在乎一城一池、一时一世？孔子从来没有对任何国君解释过，因为"夏虫不可语冰"。

7.17

[原文]

子曰："饭疏食饮水，曲肱而枕之，乐亦在其中矣。不义而富且贵，于我如浮云。"

[释义]

孔子说："吃粗粮，喝冷水，把头枕在胳膊上，我自己觉得乐在其中。以不正当的方式获取的富贵，对我像浮云。"

[智慧]

自己有多大本事，就过什么样的日子。一定要去贪图非分的利益，只会让自己更加痛苦。与富有相比较而言，内心平实更加幸福。

7.18

[原文]

子曰："加我数年，五十以学《易》，可以无大过矣。"

[释义]

孔子说："给我多一些时间，五十岁开始学习《易经》，就不会犯什么大错了。"

[智慧]

《易经》不仅是一本摇卦占卜的卜辞汇编，更是一本人生智慧哲学的汇编。"易者不易"，真正懂得《易经》的人不会轻易解说。

孔子给《易经》做传，都是讲做人道理的，几乎没有教人如何推演占卜吉凶的。孔子说这句话的时候，年龄还没有到五十岁，所以孔子说再给我增加一些年岁，等我五十岁的时候学习《易经》，就不会犯大的过错了。不是说不够五十岁不够资格读《易经》，不要僵化理解这句话。

7.19

[原文]

子所雅言，诗、书、执礼，皆雅言也。

[释义]

孔子讲通用语言，读《诗经》《尚书》，进行礼仪仪式的时候，都讲通用语言。

[智慧]

雅言，通俗解释就是通用语言。春秋时期各诸侯国语言文字都有差异，"雅言"就是孔子所处时代官方的通用语言。

如今，学校要求老师们用普通话上课，孩子们生活在方言的环境里，但是要能讲普通话，这样以后走遍祖国大江南北都是可以畅通无阻的。

7.20

[原文]

叶公问孔子于子路，子路不对。子曰："女奚不曰，其为人也，发愤忘食，乐以忘忧，不知老之将至云尔。"

[释义]

叶公问子路孔子是什么样的人，子路没有回答。孔子听闻，对子路说："你怎么不说，他做人啊，用功的时候连饭都忘了吃，总是很快乐而忘记了忧愁，这样生活着连慢慢老了都忽略了。"

[智慧]

有人说，"叶公"，今人熟知的"叶公好龙"的故事，就是这位。另有人考证，"叶公"是叶地的行政长官，叫沈诸梁，是一位贤者。

"叶公"已不可考，但孔子的为人令人敬佩，传颂至今。

7.21

[原文]

子曰："我非生而知之者，好古，敏以求之者也。"

[释义]

孔子说："我不是生下来就有知识的，我喜好古代文化，勤勉认真学习才获得的这些知识。"

[智慧]

古代历史书，喜欢故弄玄虚，显示帝王出生的不平凡。可是后世读史的人，有几人真的相信呢？刘邦、赵匡胤、朱元璋这些开国君主，谁不是普普通通，九死一生，侥幸存活，才能开创几百年基业呢？

这么讲来，孔子这段话就很亲民了，后世的弟子把这句话流传下来，就是告诉我们：圣人是自己努力出来的，不是生下来就是满腹经纶的。

所以，好好努力做好自己该做的事情，圣明如黄帝、博学如孔子，都要努力，何况我辈凡夫俗子乎？

7.22

[原文]

子不语：怪、力、乱、神。

[释义]

孔子不谈论的事情是：奇异的事情、暴力的事情、叛乱的事情、鬼神的事情。

[智慧]

这其实是在讲孔子教学的范围。

我觉得，孔子不讲的，除了上述四点，要加上死亡，因为季路曾经问孔子，死是怎么回事，孔子就答复他"未知生，焉知死"，活着还没弄明白呢，干吗去研究死。因此，孔子不愿意讲授的是：怪、力、乱、神、死。

"子不语"，这是大智慧。自己不能说明白的事情，或者说了对方听不懂的事情，就先搁置不论。孔子为什么不说这些事情呢，为了让自己的学生研究好人与人之间的关系，知道怎么处理好社会性事务。

7.23

[原文]

子曰："三人行，必有我师焉；择其善者而从之，其不善者而改之。"

［释义］

孔子说："多人同行，一定有我可以向他学习的人；他的优点，我向他学习，他做得不好的地方，我引以为戒，改掉自己的缺点。"

［智慧］

只要我们用心，总能发现别人的优点，总能找到值得自己学习之处；看到别人的缺点，不要嘲笑、讽刺，不要心里诸多瞧不上，而要反躬自省，自己有没有这些毛病？

一种非常不好的状态就是，觉得自己优秀，怀才不遇，觉得领导没有慧眼，觉得同事对自己羡慕嫉妒恨，觉得周围人都各种毛病，各种差劲，觉得自己鹤立鸡群，只是生不逢时，所以难以施展抱负。如果有这种心态，一定要冷静，自己安静地独处一下，真正反思一下自己有没有什么缺点，有没有什么做人的毛病，除非是圣人，否则一定能找出缺点来，再重新审视周围的人，重新去找他们每一个人的闪光点，慢慢地培养对这个世界和这个社会的再认识。

改变，任何时候都不晚。

7.24

［原文］

子曰："天生德于予，桓魋其如予何？"

［释义］

孔子说："上天让仁德在我的身上，桓魋又能把我怎么样呢？"

[智慧]

桓魋是宋国司马，主管军事。孔子及其弟子们路过宋国，在一片树林中演习周礼，桓魋派人把孔子及其弟子们用来演习周礼的树给砍掉了，而且有杀孔子的企图，于是孔子的弟子们保护着老师赶紧离开，在路上，孔子说了上述的话。桓魋弄权乱政，结果一败涂地。桓魋有一个弟弟，是孔子的弟子，叫司马牛。

孔子非常清楚自己的价值，那就是继承和发展中华道统文化，为克己复礼天下大同的实现培养人才。他不相信老天会在大事未成的时候抛弃他，如果天命在自己，那么桓魋之流怎么能伤害自己呢？

孔子一直都是温文尔雅的样子，上一次着急，是为了撇清和南子的关系，这一次豪迈，除了内心的自信以外，是对跟着他一起突围的弟子们的一种鼓励。

7.25

[原文]

子曰："二三子以我为隐乎？吾无隐乎尔。吾无行而不与二三子者，是丘也。"

[释义]

孔子说："诸位弟子，你们以为我会对你们有所隐瞒吗？我没有什么向你们隐瞒的。我所有的学问和行为都可以向你们开诚布公，这就是我孔丘。"

[智慧]

"教会徒弟，饿死师傅"，这是很多事例教训总结出来的，特别是那些精妙的技术活，弟子学会了，师傅也就该失业了。这个想法无可厚非，毕竟这是现实。

孔子什么都敢向弟子们公开，没有保留，没有隐藏。这种博大胸怀、坦诚自信的老师，千年罕见，可遇而不可求。

7.26

[原文]

子以四教：文、行、忠、信。

[释义]

孔子教学有四个内容：文献知识、行为规范、忠于职守、待人诚信。

[智慧]

孔子进行的是通才教育，所以无论是"六艺"，还是这里讲的"四教"，都是孔子教育的分类，不是分科。

学业分科是近代西方教育体系倡导确立的。不要以现代的教育理念将孔子的学问强行分科。

7.27

[原文]

子曰："圣人，吾不得而见之矣；得见君子者，斯可矣。"子曰："善人，吾不得而见之矣；得见有恒者，斯可矣。亡而为有，虚而为盈，约而为泰，难乎有恒矣。"

[释义]

孔子说:"圣人,我见不到了,能见到君子,就很好了。"孔子说:"完美的人,我见不到了,能见到做事始终有操守的人,就可以了。没有却装作有,空虚却装作充足,贫穷却装作富有,这样的人很难有什么操守。"

[智慧]

圣人和君子是什么关系呢?君子就是符合仁德标准,具有极高个人道德修养的人,已经自觉了;而圣人,就是在君子自觉的基础上,可以将自己的行为标准和价值观传递给芸芸众生,并能启迪大众按照正确的价值观念去思考和行动的人,自觉而觉他。君子,即贤人,颜回、曾子、闵子骞等;圣人,即教化万方之集大成者,孔夫子是也。

在孔子的心目中,应该只有尧、舜可以称为圣人;后世一致认为孔子就是圣人。后来有些所谓的"圣君",一半是自己吹嘘出来的,一半是史官"吹捧"出来的。

7.28

[原文]

子钓而不纲,弋不射宿。

[释义]

孔子不用大网横断水流来捕鱼,也不会射刚刚归巢的鸟。

[智慧]

钓鱼是孔子的一种休闲娱乐活动。对着靶子射箭,那属于"六艺"

中"射"的内容，是君子必须具备的技能；可是射鸟，那也是一种休闲娱乐活动。既然是娱乐，能够让自己心情愉快、心绪放松，就可以了。

弄个大网横断水流，像渔夫一样捕捞很多水产，那就有些娱乐过头，有失恰当了；既然射鸟也是娱乐，刚刚归巢的鸟很多是妈妈回来喂雏鸟，把鸟妈妈射死了，也就顺带饿死了很多的雏鸟，以射鸟的方式娱乐本来就残忍，再饿死众多雏鸟，太残忍了。

孔子说话、做事，都遵循中庸原则。

7.29

[原文]

子曰："盖有不知而作之者，我无是也。多闻，择其善者而从之，多见而识之，知之次也。"

[释义]

孔子说："大概有一种不懂装懂、凭空捏造的人，我不是这样的。多听别人说，找到有益的部分加以学习，多看并且记住那些对自己有益的部分，这是次一等的'知'。"

[智慧]

孔子主张"知之为知之，不知为不知，是知也"。知道就是知道，不知道就说不知道，不要不懂装懂。

孔子主张"生而知之者，上也；学而知之者，次也"。孔子说自己不是"生而知之"的人，而是属于二等人。

孔子以身作则，说明：一个人只要肯用心学习，一定会有所收获。

7.30

[原文]

互乡难与言，童子见，门人惑。子曰："与其进也，不与其退也，唯何甚？人洁已以进，与其洁也，不保其往也。"

[释义]

互乡的人很难交流，但是孔子接见了当地的一位少年，弟子们很困惑。孔子说："我们赞成他的进步，不赞成他的退步，何必做得太过分？他整理得干净整洁，来我这里，我们就看他的干净整洁，不要总是盯着过去不好的地方。"

[智慧]

有这样一个故事：有一个人觉得很不幸福，找老和尚来开解。老和尚没说话，找来一张白纸，在上面用毛笔画了一条线，问这个人看到了什么。这个人看了一下，说：一条黑线。和尚说：不对，是一张白纸。这张白纸绝大多数地方都是洁白的，你为什么非要盯着那仅有的一条黑色呢？

我们在跟别人交往的时候，不能信任别人，不能愉快相处，也是这个道理。我们容易忽略别人的优点，容易忘记别人对我们的恩情和帮助，很容易麻木于别人对我们的宽容。所以，没有人可以让我们痛苦，不快乐都是自找的。

7.31

[原文]

子曰："仁远乎哉？我欲仁，斯仁至矣。"

[释义]

孔子说："仁德离我们很远吗？我想要仁德，仁德就来了。"

[智慧]

求仁得仁。仁德并不遥远，也并不复杂，遵循本心，遵从天性，你真的想做一个有仁德的人，仁德立刻就到了。

我相信人性本善。人的本性是什么？孝心、爱心、善心、同理心，即"善"。体现这种本性的规则是什么？君君、臣臣、父父、子子，一种良性的社会秩序。符合这种本性秩序的治理方法，天下就太平无事，百姓安居；长久地持续这种太平，就是盛世；盛世成为常态，那就是大同世界了。大同世界，天人合一，这是中国人追求的政治生态和个人修为的最高境界了。

7.32

[原文]

陈司败问："昭公知礼乎？"孔子曰："知礼。"孔子退，揖巫马期而进之，曰："吾闻君子不党，君子亦党乎？君取于吴，为同姓，谓之吴孟子。君而知礼，孰不知礼？"巫马期以告。子曰："丘也幸，苟有过，人必知之。"

[释义]

陈司败问孔子："鲁昭公懂得礼仪吗？"孔子说："懂得礼仪。"孔子走出来，陈司败向巫马期作揖，然后走近，说："我听说君子无所偏袒，难道孔子有所偏袒吗？鲁君从吴国娶了夫人，因为鲁国和吴国是同姓，所以这位夫人称为吴孟子。鲁国君主如果懂得礼仪，那么还有谁是不懂礼仪的呢？"巫马期把这番话转告给了孔子。孔子说："我真的是很幸运啊，如果犯了错误，别人一定会知道的。"

[智慧]

巫马期，复姓巫马，名施，字子期，孔子的弟子。

为什么陈司败纠结于鲁国君主是否知礼呢？按照周礼，同姓不婚。号称天下最懂礼仪的鲁国的君主，居然迎娶了同姓之女，这位夫人都不敢称"吴姬"，只能称"吴孟子"。"为尊者讳"，孔子在替鲁昭公承认自己有错误。

有错认错，是智；为国君掩饰错，难道不是智吗？

7.33

[原文]

子与人歌而善，必使反之，而后和之。

[释义]

孔子和别人一起唱歌，如果觉得别人唱得好，一定请他再唱一遍，然后自己附和。

[智慧]

看看孔子多会享受生活：会安静沉思，会听音乐，能体会古诗之美，会听歌会唱歌，还会现场跟着原唱一起唱。

7.34

[原文]

子曰："文，莫吾犹人也。躬行君子，则吾未之有得。"

[释义]

孔子说："文献知识，大概我和别人差不多。行为符合君子之道，我还没做到。"

[智慧]

孔子在文化领域肯定已经是登峰造极的水平了，但是他觉得自己一般，和其他人没有什么明显的优势。

历史上，越是能力高、地位高、水平高的人，越是觉得自己没有什么过人之处，越是谨小慎微，生怕出错。

周公摄政，仍然"握发吐哺"，唯恐天下不"归心"。正因为他如此战战兢兢，如履薄冰，所以才名垂千古。

7.35

[原文]

子曰："若圣与仁，则吾岂敢？抑为之不厌，诲人不倦，则可谓云尔已矣。"公西华曰："正唯弟子不能学也。"

[释义]

孔子说："圣与仁这种评价，我怎么敢当？不过是学习从不满足，教导别人从不疲惫，可以称道的也就是这个了。"公西华说："这些正是弟子们还没学到的。"

[智慧]

孔子在世的时候，他的弟子们就已经把孔子称作"圣人"了，所以孔子有这种谦虚的陈述。

孔子的弟子们称老师为"圣人"，还真不是拍马屁，他们真遇到圣人了。

7.36

[原文]

子疾病，子路请祷。子曰："有诸？"子路对曰："有之。诔曰：'祷尔于上下神祇。'"子曰："丘之祷久矣。"

[释义]

孔子病得很重，子路请求祈祷。孔子说："有这回事儿吗？"子路回答说：有的。《谪》记载：'替你向天地神祇祈祷。'"孔子说："我已经祈祷很久了。"

[智慧]

"诔""谪"，同音。孔子是商朝后人，按照商朝的礼仪，"诔"是为逝者祈祷，"谪"为生者祈福。此处不是"诔"而应该是"谪"。

"丘之祷久矣。"这句话怎么理解呢？我感觉有两层含义：其一，商朝最重视祭祀礼仪的朝代了，所以作为商人的后代，孔子肯定很重视祭祀的礼仪。孔子平时是有进行祭祀活动的，认为生病无需再单独进行祈祷了。其二，功夫用在平时，临时抱佛脚还是不要做，做了也没用。

孔子的这个道理用在人际交往上，也是值得借鉴的。平时不来往，有事儿需要别人帮忙，再想起去求人，多半办不成事，或者即便别别扭扭办成了，也会付出不小的代价。

7.37

[原文]

子曰："奢则不孙，俭则固。与其不孙也，宁固。"

[释义]

孔子说："奢侈就会骄傲，勤俭就会寒酸。与其骄傲，宁肯寒酸。"

[智慧]

奢侈不等于富有，勤俭不等于贫穷。

败家子，花费的大于赚取的，浪费的大于节省的。

富且贵者，既不奢侈也不寒酸，凡事恰到好处，因为他们想不起来还需要向别人证明自己是有钱人。

每天把钱挂在嘴边上的，大部分是暴发户。

穷奢极欲，无论是皇帝，还是土豪，都不能长久。

7.38

[原文]

子曰："君子坦荡荡，小人长戚戚。"

[释义]

孔子说："君子心胸开阔坦诚，小人经常局促忧愁。"

[智慧]

心胸开阔，包容心强，就会少了很多忧愁和烦恼，就是我们俗称"心大"。心大的人，凡事想得开，吃得好、睡得好，身体好，有充沛的精力去想有用的事情、去做有价值的事情。

不能说多愁善感的都是小人。但是从健康角度来看，心眼儿小的人，快乐指数低。

因此，心胸宽广，善于忘记和原谅别人，其实是自己得实惠。

7.39

[原文]

子温而厉，威而不猛，恭而安。

[释义]

孔子温和但是严肃，威严但是不凶猛，庄严而且安详。

[智慧]

孔子展现出来的状态，温和，但是很严肃，不随意嘻嘻哈哈。

威是一种内心修养而形成的外在状态，也可以说是气场，一个人内心修为足够的时候，自然而然形成一种威严的气质。

恭，恭敬的状态，对别人以礼相待。

安，就是安静，能一个人独处。

泰伯第八

[原文]

子曰："泰伯，其可谓至德也已矣。三以天下让，民无得而称焉。"

[释义]

孔子说："泰伯，可以说已经是仁德的最高境界了。多次把天下让给他的弟弟，百姓都不知道怎么来称赞他了。"

[智慧]

兄弟谦让，要追溯到伯夷、叔齐，泰伯、仲雍了；非亲非故以德相让，更要追溯到尧、舜、禹了。

春秋战国时期，弑君、弑父、兄弟阋墙不绝史书。

孔子称颂泰伯，应该有感而发。

[原文]

子曰："恭而无礼则劳，慎而无礼则葸，勇而无礼则乱，直而无礼则绞。君子笃于亲，则民兴于仁；故旧不遗，则民不偷。"

[释义]

孔子说:"恭敬而无礼则徒劳无功,谨慎而无礼则畏缩拘谨,勇敢而无礼则冲动闯祸,耿直而无礼则尖酸刻薄。君子以深厚情感对待亲人,百姓就会倾向于仁德;君子不忘记曾经的旧交,百姓就不会人情淡薄。"

[智慧]

恭、慎、勇、直,要依据一定的礼来约束修正。对别人客套,过分谨慎,喜欢逞匹夫之勇,不分场合地点不留情面地直言不讳,往往会适得其反。

君子,也可以理解为身居上位者,他们的所作所为在百姓之中会被放大,具有表率作用。君子对亲人深情厚谊,对待发小亲密无间,对待传统文化恭敬接纳传承。

8.3

[原文]

曾子有疾,召门弟子曰:"启予足!启予手!《诗》云:'战战兢兢,如临深渊,如履薄冰。'而今而后,吾知免夫!小子!"

[释义]

曾子生病了,把弟子们召集在一起,说:"动一下我的脚!动一下我的手!《诗经》云:'小心谨慎,就好像走在深不见底的水边上,就好像走在薄薄的冰面上。'从今以后,我才知道如何避免犯错了。弟子们!"

[智慧]

曾子应该已经病得很重了，无法自己挪动四肢，或者四肢麻木失去了知觉。

孔子说七十岁以后就可以随心所欲不逾矩了，修为到了，很轻松地度过自己的晚年。

曾子引用《诗经》中的"战战兢兢，如临深渊，如履薄冰"来总结自己的一生。生命即将谢幕，才敢说自己不再犯错。

可见，从儒家思想角度，一个人始终保持忠恕之道非常难。

8.4

[原文]

曾子有疾，孟敬子问之。曾子言曰："鸟之将死，其鸣也哀；人之将死，其言也善。君子所贵乎道者三：动容貌，斯远暴慢矣；正颜色，斯近信矣；出辞气，斯远鄙倍矣。笾豆之事，则有司存。"

[释义]

曾子病了，孟敬子前来探望。曾子说："鸟将要死了，它的鸣叫声会很哀婉；人将要死了，他说的话也会充满善意。君子应该重视三件事情：对待别人要庄重谨慎，这样就可以远离别人的粗暴和怠慢；神态郑重，就会让别人信任；说话注意措辞和语气，就会远离粗俗和错误。至于祭祀礼仪，有专门的人员负责。"

[智慧]

孟敬子是鲁国大夫，他来探望曾子，既有探视的意思，也有听取曾子临终遗言的意思。

曾子没有告诉他怎么做官，也没有请他转达国君如何治理国家的思想，而是给他讲了君子之道：先做人再做事，做人比做事重要。曾子的思想和孔子一脉相承，就在这里。

8.5

[原文]

曾子曰："以能问于不能，以多问于寡；有若无，实若虚，犯而不校。昔者吾友尝从事于斯矣。"

[释义]

曾子说："有能力却向没有能力的人请教，知识多却向知识少的人请教；明明知识丰富，却好像什么都不知道一样，被别人冒犯了却不去计较。以前我有一位朋友就是这样的。"

[智慧]

善于向他人学习，即智慧。曾子说的这位朋友，很多研究者说是颜回。对比《论语》里孔子和其他弟子的评论，可信。

8.6

[原文]

曾子曰："可以托六尺之孤，可以寄百里之命，临大节而不可夺也。君子人与？君子人也。"

[释义]

曾子说："可以把幼小的孤儿托付给他，可以把国家的命脉交付给他，面临安危存亡的紧要关头却不会动摇屈服。这样的人是君子吗？当然是君子。"

[智慧]

托孤，就是一个人死后把自己幼小的孩子托付给别人。这是以命相托，多大的信任啊。

历史上托孤成功的故事，可以举两个例子：一个是汉武帝托孤霍光。汉武帝临死以前，他决定把江山社稷交给二十年如一日兢兢业业但是又不多说一句话的霍光，让他做了大将军，辅佐自己八岁的小儿子刘弗陵登基。霍光呢，带来了昭宣之治，挽救了濒临崩溃的西汉政权。另一个是诸葛亮辅佐刘禅。刘备死后，诸葛亮掌握着蜀汉所有的军政大权，"鞠躬尽瘁，死而后已"。

忠君之事，还能忠君之托，那可真是君子了。

8.7

[原文]

曾子曰："士不可以不弘毅，任重而道远。仁以为己任，不亦重乎？死而后已，不亦远乎？"

[释义]

曾子说："读书人不可以不弘大而有毅力，因为他的任务很重，路程很远。把实现仁德作为自己的任务，不也是很重要的吗？到死方休，不也是很远的吗？"

[智慧]

读书人要有眼界，有远见，还要有包容的胸怀，能够包容与自己相同的思想，更能包容不同的思想，这就是"和而不同"。在传播文化、继承文化的过程中，多数人会遇到很多阻力，甚至危险，但是要扛得住压力、排除了危险、抵挡了利诱。

人强大与否，很多时候不是看拳头和肌肉，而是看内心。柔弱胜刚强。君子之道亦如此。想要实现仁德的目标，就一定要不达目的誓不罢休，这样的人怎么能说弱呢。

整部《论语》里，说的话能被后世反复引用和奉为圭臬的，除了孔子，就是曾子了。曾子深得夫子之道。

8.8

[原文]

子曰："兴于诗，立于礼，成于乐。"

[释义]

孔子说："《诗经》能提高我的修养，礼使我立足于社会，音乐则健全我的人格。"

[智慧]

一个人要想有君子一样的修养，一要学习《诗经》，《诗经》是各种修为和学习的基础，学习了《诗经》就是打下了个人修养的基础；二要学习礼仪，懂得了礼仪，就明白了人与人之间的关系，懂得了如何维护礼法和秩序；三要懂音乐，礼乐不分家，要懂得音乐的韵律，懂得欣赏音乐之美，也懂得乐器，至少要会弹琴。有了《诗经》、礼仪、音乐的修为和精进，一个人就已经很符合君子的修养了。

8.9

[原文]

子曰："民可使由之，不可使知之。"

[释义]

孔子说："百姓可以让他们按照规则去做事，但是很难让百姓知道为什么这样做。"

[智慧]

这句话让孔子得罪了很多近现代的人。有些学者想着替老先生找借口，说，这句话断错了，应该是"民可使，由之；不可使，知之"，就是说老百姓不明白道理的时候，就让老百姓按照命令执行，等老百姓都明白道理的时候，不但要让老百姓按照命令执行，还要讲明白为什么要这样做。

我认为，大可不必为尊者讳。当时就是那样，现在很多时候也是那样：照着干，不理解也要照着干，今天我们尚且不能实现把所有的决策向每一个人解释清楚，两千多年前更做不到。另外，不要用今天的民本思想去解读和批判孔子的思想，因为孔子是思想家，而不是预言家。

8.10

[原文]

子曰："好勇疾贫，乱也。人而不仁，疾之已甚，乱也。"

[释义]

孔子说："喜好勇敢却厌恶贫困，就会引起祸乱。对于不仁德的人，痛恨太深，也会引起祸乱。"

[智慧]

拥有武力，但是贫穷或者有野心，就容易引起祸乱。

还有一种祸乱，就是疾恶如仇。有些君子贤臣，看到奸臣当道，恨不得抽筋拔骨，以死相谏，结果呢，引发朝廷震荡，逼迫奸臣贼子提前发作，这些君子贤臣也往往以身殉职，徒留悲歌。

既要打击敌人、消灭敌人，又能有效保存自己，这才是聪明人做的事情。杀敌一千，自损八百，那是实在没办法的选择了。有仁德的君子，不只是憨直，也要动脑子，懂得保护自己。

8.11

[原文]

子曰："如有周公之才之美，使骄且吝，其余不足观也已。"

[释义]

孔子说："即便有周公那样的才华和政绩，如果既骄傲又吝啬，那么其他的也就不值得一看了。"

[智慧]

不骄，就是谦虚；不吝，就是同情。如果周公既骄傲又没有同理心，那么在孔子看来也无足称道。

能够千古流芳者，以德为首，德才兼备。

8.12

[原文]

子曰："三年学，不至于谷，不易得也。"

[释义]

孔子说："多年勤学，没法去做官，这是难能可贵的。"

[智慧]

孔子主张积极入世，以仕途造福百姓。但是需要学业有成，能够施行仁德之政，而不是学业不成，急匆匆开始仕途，当不好官员，影响了百姓的福祉。

8.13

[原文]

子曰："笃信好学，守死善道。危邦不入，乱邦不居。天下有道则见，无道则隐。邦有道，贫且贱焉，耻也。邦无道，富且贵焉，耻也。"

[释义]

孔子说："坚定仁德的信念，用心学习，誓死守住仁德之道。不要进入危险的国家，不要居住在混乱的国家。天下政治清明，就出来做事；天下混乱，就隐居。太平盛世，自己贫贱，很可耻；政治昏暗，自己富贵，也很可耻。"

[智慧]

孔子教他的弟子们不要做一个死忠者、糊涂蛋，而要做一个聪明的君子。

历史上那些抬着棺材给残暴的皇帝上万言书，宁肯杀头也要给糊涂的皇帝提意见的人，不是孔子教育出来的。孔子觉得为昏君死谏，没有什么价值。

8.14

[原文]

子曰："不在其位，不谋其政。"

[释义]

孔子说："不在那职位上，就不要考虑这个职位应该负责的事务。"

[智慧]

不在某个职位上，不一定知道这个职位真正面临的问题，只是从旁观者的角度就能看出问题并给出最佳解决方案的人不多。

所以这句话应该有两层含义：一不要操心不该自己负责的事情，每个人都管好自己，社会自然和谐；二不是自己职责范围内的事情，不一定会充分了解信息，如果贸然插手，很可能会起反作用。

8.15

[原文]

子曰："师挚之始，《关雎》之乱，洋洋乎盈耳哉！"

[释义]

孔子说:"太师挚开始演奏音乐,《关雎》合唱来结束音乐,美妙的音乐一直都充盈在耳畔。"

[智慧]

"乱",是很多人一起唱和,相当于合唱。孔子强调音乐的育人效果。

8.16

[原文]

子曰:"狂而不直,侗而不愿,悾悾而不信,吾不知之矣。"

[释义]

孔子说:"看起来狂猖却不正直,看起来老实却不厚道,看起来很诚恳但是不守信用,我不理解为什么有的人会这样。"

[智慧]

孔子不理解为什么会有这样的人,但是孔子并没有直接批评这样的人有多么糟糕,他只是告诫君子不要做这样的人。

为什么呢?一是孔子很少贬损别人某些行为,他只是列举他认为不好的行为,让弟子们引以为戒;二是对不了解成因的事情,孔子不妄加评论。

社会总会有隐秘的角落,很多人做的很多事情,我们不曾见过也不曾想过,我们不必把这些人都当作坏人。我们有幸生活在阳光里,只要告诫自己远离阴影即可,不必嘲笑待在阴影中的人。

8.17

[原文]

子曰："学如不及，犹恐失之。"

[释义]

孔子说："学知识总担心赶不上，赶上了又担心失去。"

[智慧]

"学习如逆水行舟，不进则退"，这不只适用于上学的孩子，更适用于身处职场的我们。当我们满足于现状，觉得自己其实还不错的时候，恰恰就是我们正在被社会逐渐抛弃的时候。只有不断前进，才有持续的竞争力。

8.18

[原文]

子曰："巍巍乎，舜、禹之有天下也，而不与焉！"

[释义]

孔子说："舜、禹是多么崇高啊，他们作为君主而富有天下，但是一点儿也不为自己。"

[智慧]

孔子推崇尧、舜、禹的禅让，后代以尧、舜、禹时代为上古时期圣明统治，以他们为千古帝王的典范。

孔子那个时代一定可以看到一些典籍，记录了尧、舜、禹的历史。可惜我们的文化历经浩劫，今天的我们看不到这些书了，但是，一代又一代读书人，把中华文化继续传承下去，这是使命，也是荣耀。

8.19

[原文]

子曰："大哉尧之为君也！巍巍乎！唯天为大，唯尧则之。荡荡乎，民无能名焉。巍巍乎其有成功也，焕乎其有文章！"

[释义]

孔子说："尧作为君主真是伟大啊！高大啊！只有天最大，只有尧能够效法天。他的恩惠广博啊，百姓很难用语言来称赞他了。他的功绩多么崇高，他的制度多么美好！"

[智慧]

孔子从来都不吝惜任何赞美之词，赞颂尧、舜、禹三位上古帝王。

"则天"，以天为规则。传说尧在位期间发生大洪水，前后绵延超过了二十年，老百姓感念尧的恩德，传颂至今。

很长一段时间，我都不太理解：尧怎么"则天"，能让老百姓水深火热的二十年还那么爱戴他？直到我看到《礼记》中的一篇文章，才有所感悟：孔子和他的弟子们遇到一位妇人在哭泣，孔子让子路去问，妇人说，此处闹虎灾，她的舅舅、丈夫都被老虎咬死了，现在她的儿子也死于老虎。子路问，这么危险的地方，怎么不搬家呀，妇人说，此处无苛政。孔子总结说："苛政猛于虎"。一位君主不折腾治下子民，不干涉他们的生活，这就是圣明，这就是"则天"。

8.20

[原文]

舜有臣五人而天下治。武王曰:"予有乱臣十人。"孔子曰:"才难,不其然乎?唐、虞之际,于斯为盛。有妇人焉,九人而已。三分天下有其二,以服事殷。周之德,其可谓至德也已矣。"

[释义]

舜有五位贤臣而天下大治。周武王说:"我有治世能臣十人。"孔子说:"人才太难得了,不是这样吗?尧、舜时代,人才兴盛。而武王的十位能臣中还有一位是妇女,所以算起来有九个男人。周已经拥有了天下的三分之二,却仍然以诸侯的身份臣服殷商。周这样的仁德,是德政的最高境界了。"

[智慧]

"乱臣",不是乱臣贼子,而是治理天下的能臣。

无论什么样的能人,都不可能凭借一己之力把所有的大事都办了,还是要靠团队,协同作业。选择合适的人在合适的位置,至关重要。每一位历史上有所作为的君主,都有尽心尽力而且有才干的臣僚集团。

能够识人、用人,这是有为领导者必备的能力。

8.21

[原文]

子曰:"禹,吾无间然矣。菲饮食而致孝乎鬼神,恶衣服而致美乎黻冕，卑宫室而尽力乎沟洫。禹，吾无间然矣。"

[释义]

孔子说："对于禹，我没有什么批评的。他平时饮食很普通，但是祭祀时的贡品却很丰盛，他平时穿衣服很普通，但是祭祀时穿的礼服却非常华丽，他住的宫室很普通，却把钱财用来兴修农业水利。对于禹，我没有什么批评的。"

[智慧]

古人重视祭祀和战争。祭祀表示对天地神祇和祖宗的尊敬，所以大禹参加祭祀仪式，会献上丰盛的贡品，穿着华丽的礼服，但是平时他的饮食简单、服饰简朴。

另外，大禹很关心农民的生计，为他们兴修水利设施来提高农业生产能力。大禹治水的故事，广为传播。

子罕第九

9.1

[原文]

子罕言利与命与仁。

[释义]

孔子很少主动谈起功利、命运和仁。

[智慧]

孔子讲不讲功利呢？完全抛弃了功利，单纯讲如何做人，这不符合人道，但是孔子很少讲功利。利，在孔子思想里不是主要内容，这就是"罕"的意思。

孔子懂不懂《易经》呢？当然懂，周文王、周公以下，他是最懂的了，而且没有孔子的"十翼"去解释，后世会有更多人看不懂《易经》。但是孔子说"善易者不易"，不轻易算卦。他告诉弟子们好好管理自己，好好自我修为，不要轻易预测未来。

孔子一直在讲如何做到仁，怎么还很少说呢？这是说孔子一直在讲如何做是仁、如何做是不仁，但是从来没有给仁下过一个定义。为什么不下定义？我以为，一旦给仁下了定义，它的内涵外延就被固化了，如果没有定义，每个人理解不同，反而有利于仁的多样化。

清人断句："子罕言利，与命与仁。"孔子很少主动谈起利益，但是谈及命运和仁德。这不符合《论语》的实际情况。

9.2

[原文]

达巷党人曰："大哉孔子！博学而无所成名。"子闻之，谓门弟子曰："吾何执？执御乎？执射乎？吾执御矣。"

[释义]

达巷这个地方的人说："孔子真是伟大啊！他非常博学多才，可惜没地方施展抱负。"孔子听到了，对弟子们说："我干什么好呢？赶大车呢？还是做弓箭手呢？我赶大车好了。"

[智慧]

春秋时期打仗，使用战车，战车上一般有三个人：左边的是弓箭手，负责远距离射箭；右边的甲士拿着矛或者戈，负责近距离击杀；中间的人，负责驾车。

孔子说，我要选一个特长，是去做弓箭手呢，还是负责驾车呢？我还是驾车掌握方向吧。事实上，孔子也确实掌握了中国两千多年的文化方向。

9.3

[原文]

子曰："麻冕，礼也；今也纯，俭，吾从众。拜下，礼也；今拜乎上，泰也。虽违众，吾从下。"

[释义]

孔子说："大夫戴麻织的帽子，是符合礼仪的，现在用黑丝做帽子，是出于简朴的目的，我同意大家的意见。臣子拜见君主，按照礼仪应该是先在堂下磕头，再到堂上磕头；现在大家都是直接到堂上磕头，这样显得臣子很倨傲。虽然与大家都不一样，但是我还是遵从礼仪，先在堂下磕头。"

[智慧]

"冕"：帽子。

"泰"，倨傲。

礼仪在发展变化，但是孔子有取舍。

9.4

[原文]

子绝四：毋意，毋必，毋固，毋我。

[释义]

孔子要断绝四种毛病：不会凭空臆测，不武断，不固执，不自以为是。

[智慧]

意、必、固、我，四种毛病，是我们常犯的错误。诸葛亮《诫子书》讲得透彻："年与时驰，意与日去，遂成枯落，多不接世，悲守穷庐，将复何及！"

内心足够强大的人，其实是很愿意倾听，很愿意交流，很愿意思考，很愿意消化别人的新思想、新信息的。

把心打开，心宽才能见天地。

9.5

[原文]

子畏于匡，曰："文王既没，文不在兹乎？天之将丧斯文也，后死者不得与于斯文也；天之未丧斯文也，匡人其如予何？"

[释义]

孔子被困于匡地，说："文王已经不在了，文化传统遗产不是在我这里吗？如果上天要让这种文化传统丧失了，我也不会掌握这种文化传统了；如果上天不让这种文化传统丧失，匡人能把我怎么样呢？"

[智慧]

孔子曾经被匡人围困。《荀子》记录："比干见刳，孔子拘匡。"但孔子相信自己不会遭受厄运，因为自己肩负传播传统文化之重任。

9.6

[原文]

太宰问于子贡曰："夫子圣者与？何其多能也？"子贡曰："固天纵之将圣，又多能也。"子闻之，曰："太宰知我乎！吾少也贱，故多能鄙事。君子多乎哉？不多也。"

[释义]

太宰问子贡说："夫子是圣人吗？怎么这么多才多艺？"子贡说："这是上天让夫子成为圣人的，还如此多才多艺。"孔子听到了，说："太宰太了解我了！我小的时候是很贫贱的，所以掌握了很多小技能。君子需要这么多的小技能吗？不需要这么多。"

[智慧]

太宰问子贡：您的老师真是个圣人，怎么懂得那么多？子贡说老师博学多才，简直是老天爷赐予的。

孔子幼年丧父，从小贫苦，做了很多底层的工作，掌握了多种具体技能。这些技能很多吗，也不算多啊，艺不压身。就是这个意思。可见，太宰与子贡都不了解孔子。

每个人在成长的过程中，总会有苦有乐。有句话叫"艰难困苦，玉汝于成"，年轻的时候吃点儿苦不是坏事。

9.7

[原文]

牢曰："子云：'吾不试，故艺。'"

[释义]

牢说："孔子说过：'我不曾被国家所用，所以学习了一些技艺。'"

[智慧]

孔子说，正是因为我没有经过官方认证，所以我才有很多的技能。

换个说法，正是因为孔子没有文凭，所以才很有文化。

文凭和文化不一定存在因果关系。我们念书，初中、高中、大学、研究生，为了什么？如果说为了赚钱糊口，我觉得是人之常情，可以理解；如果只是为了拿到比别人多的文凭，那就没有什么价值了。所有的学业，最终都要有实际应用，往大了说为人类谋福祉，往小了说为家人谋温饱，这样的学业才是值得的。

9.8

[原文]

子曰："吾有知乎哉？无知也。有鄙夫问于我，空空如也。我叩其两端而竭焉。"

[释义]

孔子说："我有知识吗？没有啊。有农夫问我问题，很诚恳的样子。我只能从他问题的正反两面去推敲，然后尽量告诉他。"

[智慧]

孔子敢于承认自己的不足，让我们知道，圣人是可以用心学习而成的。如果所有的圣人都是天纵英才，生而为圣人，那么普通人就没动力去努力学习了。

9.9

[原文]

子曰："凤鸟不至，河不出图，吾已矣夫！"

[释义]

孔子说："凤凰不再来了，黄河也不出图了，我大概没指望了。"

[智慧]

传说尧、舜的时代，天下大治，凤凰带着群鸟，和着音乐翩翩起舞，勾画出盛世美景。

传说伏羲氏的时候，黄河有龙马出水，后背画着一幅图，河图为中国最早的阴阳五行之象。

传说大禹治水的时候，从洛水浮出一只大神龟，龟背上画有洛书，洛书是研究星象的重要文献基础。

《易经·系辞上》说："河出图，洛出书，圣人则之，吾则圣人。"

9.10

[原文]

子见齐衰者、冕衣裳者与瞽者，见之，虽少，必作；过之，必趋。

[释义]

孔子看见穿丧服的，看见穿官式礼服的，看见盲人，即便是很年轻，也一定会站起来；从他们面前经过，一定会小步快走。

[智慧]

古人讲"死者为大"，对于别人家里的不幸，要感同身受。

着官服，代表了政府，代表了国家，有严肃性，要尊重。

身体有残疾的人，要尊重和同情。

面对这三类人，孔子无论喜怒哀乐，都会调整情绪，表现出严肃的表情；路过这样的人，要小步快走，不慢条斯理地踱步或者蹦跳。

9.11

[原文]

颜渊喟然叹曰："仰之弥高，钻之弥坚。瞻之在前，忽焉在后。夫子循循然善诱人，博我以文，约我以礼，欲罢不能。既竭吾才，如有所立卓尔。虽欲从之，末由也矣。"

[释义]

颜渊感慨地说："（夫子的学问）越是抬头看，越是觉得高；越是钻研，越觉得深。看着似乎就在前面，可是忽然就到后面了。夫子有步骤地引导我们，用文献来丰富我们，用礼仪来规范我们，就算是想停止学习都停不下来。用尽我的能力，假如老师又卓然有所建树，即使想再跟上去，又不知道怎么跟了。"

[智慧]

孔子的学问、修为都太深邃博大了，以至于让学生们根本摸不到边际，无法彻底理解和领悟到孔子的全部思想。

学生觉得自己深不可测，那么孔子就根据学生的具体情况，慢慢诱导他，引着别人跟着自己走，学生跟上了节奏，想停都停不下来。

颜渊说，跟了一段时间，发现又跟不上了，怎么办呢，孔子再循循善诱之，颜渊再欲罢不能。这就是师生教学的典范。

9.12

[原文]

子疾病，子路使门人为臣。病间，曰："久矣哉，由之行诈也！无臣而为有臣。吾谁欺？欺天乎？且予与其死于臣之手也，无宁死于二三子之手乎？且予纵不得大葬，予死于道路乎？"

[释义]

孔子病得严重，子路组织弟子们成立了治丧组织。孔子的病慢慢好了，说："仲由做这种欺诈的事情已经很久了！没有资格设立治丧组织却设立。我要欺骗谁？欺骗天吗？我与其死在治丧组织的手里，还不如死在自己弟子的手里！况且即使不能热热闹闹地大葬，难道我还能死在路上吗？"

[智慧]

按照礼仪制度，孔子死后应该不够资格成立治丧组织，所以孔子对子路的安排非常不满意。即便是身后事，孔子也希望能依礼而行。

9.13

[原文]

子贡曰："有美玉于斯，韫椟而藏诸？求善贾而沽诸？"子曰："沽之哉！沽之哉！我待贾者也。"

[释义]

子贡说："我这里有一块美玉，我是把它放在柜子里藏起来呢，还是找一个识货的商人卖给他呢？"孔子说："卖了吧！卖了吧！我等着那个识货的商人。"

[智慧]

孔子和子贡一问一答，肯定说的不是某一块美玉，而应该是指孔子的"仁道"。

孔子一生都在等待那个识货的君主，来请走他这块"美玉"，可是斯世污浊，仁者何以立锥？好在孔子没有自暴自弃，他把一生的抱负寄希望于千秋后世，以传授思想的方法让他的仁德之政可以有机会在后世施行。

9.14

[原文]

子欲居九夷。或曰："陋，如之何？"子曰："君子居之，何陋之有？"

[释义]

孔子要搬到九夷那里居住。有人说："那里太简陋了，怎么能住呢？"孔子说："君子住在那里，还有什么简陋的呢？"

[智慧]

孔子注重内心的修养，即便是居于陋室，只要心怀仁德，就不会觉得简陋。

刘禹锡《陋室铭》说："斯是陋室，为吾德馨……谈笑有鸿儒，往来无白丁……子曰：何陋之有？"

同样的物质条件，对不同的人所呈现出来的生活状态是不一样的。幸福取决于跟谁在一起，而不是在哪儿。

9.15

[原文]

子曰："吾自卫反鲁，然后乐正，《雅》《颂》各得其所。"

[释义]

孔子说："我从卫国返回鲁国，把音乐整理好，让《雅》《颂》各归其位，都有适当的位置。"

[智慧]

《史记》说孔子把古代诗歌从三千多首删减为三百零五首，编纂成了《诗经》。风、雅、颂，是《诗经》的三种体裁。孔子懂音乐，肯定会把《诗经》中的诗编辑成乐。可惜六经之一《乐经》失传了，我们已经很难还原那个时代的音乐原貌了。

孔子所处的时代，距离周公建立礼法制度尚不久远，但是孔子已经感到了"礼崩乐坏"的无奈，所以他整理《诗经》、撰写《春秋》，就是在重构文明脉络，匡扶中华文化。

9.16

[原文]

子曰："出则事公卿，入则事父兄，丧事不敢不勉，不为酒困，何有于我哉？"

[释义]

孔子说："在外依礼服侍有爵位和职位的人，回家就侍奉长辈亲人，有丧事不敢不尽力亲为，不因为喝酒而造成任何困扰，这些事我做到了哪些？"

[智慧]

曾子"吾日三省吾身"是儒家反躬自省的名句，其实孔子和他的弟子们自省、反思的言语《论语》随处可见。他们不但学知识，学礼仪，还要躬行实践，更要经常反省自己的得失，找出做得好的，坚持或者发扬，找出做得不好的，改正或者引以为戒。

9.17

[原文]

子在川上，曰："逝者如斯夫！不舍昼夜。"

[释义]

孔子在河边，说："逝去的时光就像流水一样啊！不分昼夜地流去。"

[智慧]

"天行有常，不为尧存，不为桀亡。"时间是公平的，对每个人都一样；怎么利用时间，则是见仁见智的事情了。

越早明白一些道理，让自己的人生更通透一些，人生也就越幸福。

9.18

[原文]

子曰:"吾未见好德如好色者也。"

[释义]

孔子说:"我没有见过喜好仁德如同喜好美色一样的人。"

[智慧]

喜好仁德,就像喜好美色一样,别说孔子没见过,遍览史册,不知道有谁见过。好德是后天的修养,好色是先天的本性。孔子说这话,不是让人禁锢天性人欲,而是劝诫世人,可以好色,但也要好德,而且喜好程度差距不要太大。

有些人读书,先看王阳明、朱熹的书,再看孟子的书,掠过荀子,越看越迷茫,最后把《论语》忘记了。这个顺序有问题,应先看《论语》,不要先看朱熹的书,否则一开始就被朱熹带到他的思维框架里去了,以后很难走出来。《论语》《大学》《中庸》《孟子》《荀子》,按照这个顺序读,然后其他都可以了。

9.19

[原文]

子曰:"譬如为山,未成一篑,止,吾止也。譬如平地,虽覆一篑,进,吾往也。"

[释义]

孔子说:"就好像堆土山,只差一筐土就堆好了,如果应该停止,我就停止。就好像平地,即便只有一筐土,如果应该堆成土山,我也会努力坚持。"

[智慧]

做不做仁德的事情,要看自己的意愿。如果一个人下定决心要行仁德之事,没有什么人能够阻挡。这是一个"为仁由己"的选择问题。

9.20

[原文]

子曰:"语之而不惰者,其回也与!"

[释义]

孔子说:"告诉他道理,他就能遵照去办,而且从不感到懈怠,大概只有颜回吧。"

[智慧]

孔子从来不吝惜对颜回的夸赞,因为似乎只有颜回才能做到知行合一。

9.21

[原文]

子谓颜渊曰:"惜乎!吾见其进也,未见其止也。"

[释义]

孔子评价颜渊的时候说："太了不起了！我只看到他不断地进步，从来没有见过他停下前进的脚步。"

[智慧]

颜渊，即颜回。

生命不息，前进不止，这是孔子对颜渊的褒扬。

9.22

[原文]

子曰："苗而不秀者有矣夫！秀而不实者有矣夫！"

[释义]

孔子说："庄稼生长却不开花的情况，是有的；开花了却不结果实的情况，也是有的。"

[智慧]

做事情不能坚持到底，就好像播种谷子，如果不能坚持浇灌，很多谷子可能不会开花，更不会结果。

人立志要做一件事情，下定决心要从事一个职业，那么就要坚持到底，直到做出成绩。不要半途而废，也不要揠苗助长，按照正常的自然规律循序渐进地发展和进步，才能开花结果。

9.23

[原文]

子曰："后生可畏，焉知来者之不如今也？四十、五十而无闻焉，斯亦不足畏也已。"

[释义]

孔子说："年轻人是值得尊重的，怎么知道他们未来不比现在的人更好呢？四五十岁还没有什么名声，也就没有什么值得惧怕的了。"

[智慧]

父辈看儿辈，觉得不如自己那一代人能吃苦；儿辈看孙辈，觉得不如自己这一辈人勤勉。总之，都觉得下一代不如自己这一代。

实际上，每一代人都有自己的生存环境，每一代人都有自己的特点，是每一代人都有自己的特殊使命，完成的方式不同而已。我们不能用旧眼光去看待新青年，也不可用新观点去批判旧传统。

尊重历史，尊重未来，平等相待，才能和谐相处。

9.24

[原文]

子曰："法语之言，能无从乎？改之为贵。巽与之言，能无说乎？绎之为贵。说而不绎，从而不改，吾未如之何也已矣。"

[释义]

孔子说："严肃而合乎原则的话，能够不接受吗？有了错误能够改

正才可贵。听到顺耳的话，能不高兴吗？仔细分析才可贵。只是高兴
却不分析，只是接受却不改错，对这样的人，我没什么办法了。"

[智慧]

"法"，指礼仪规则。"法语之言"，指以礼法规则正言规劝。《三字
经》，从人文讲到历史，每一句都可以称得上是"法语"了。

读了内含礼法的名言警句，道理懂了，能对照着改正自己的错误
吗？如果不能改，这些道理知不知道也就没有什么价值了。

别人对你说了很多赞美的话，你不分析一下，照单全收，只能说
明你缺乏对自己的认识能力。

别人如果诚恳地批评我们，那一定要认真倾听。能冒着得罪我们
的风险去批评我们的人，都是值得我们珍惜的人。

9.25

[原文]

子曰："主忠信，毋友不如己者，过则勿惮改。"

[释义]

孔子说："做事情，以忠诚、信用为根本。和比自己强的人交朋
友。有了错误，不害怕承认错误，更不害怕改正错误。"

[智慧]

孔子又再三强调：做人要讲诚信，交友要交比自己强的人，有过
则改。

9.26

[原文]

子曰："三军可夺帅也，匹夫不可夺志也。"

[释义]

孔子说："军队统帅的位置可以被强取，一个凡人的志向不可以被剥夺。"

[智慧]

孔子十五岁开始立志于学业，终身孜孜不倦。即使从今人的视角来评价他的志向，我们也不能不佩服一个五十八年如一日坚持理想的人，不得不说这样的人太伟大了。

妄自尊大不可取，妄自菲薄同样不可取。无论身处何地，不可自轻自贱。尊重自己，然后才能得到别人的尊重。

9.27

[原文]

子曰："衣敝缊袍，与衣狐貉者立，而不耻者，其由也与？'不忮不求，何用不臧？'"子路终身诵之。子曰："是道也，何足以臧？"

[释义]

孔子说："穿着破旧袍子的人，和穿着狐貉袍子的人站在一起，并不觉得羞耻，这不是仲由吗？'不嫉妒，不贪求，有什么不好吗？'"子路听了，就经常念诵这些话。孔子说："这固然是正道，但只是这样也还不够好啊。"

[智慧]

"不忮不求，何用不臧"，引自《诗经》。《论语》里经常引用《诗经》《尚书》的词语，说明在那个时代，这两部书应该是常见的典籍。

孔子对子路先褒后贬。他对子路满足于现状提出了批评，希望弟子能够不断地进取。

9.28

[原文]

子曰："岁寒，然后知松柏之后凋也。"

[释义]

孔子说："天冷了，然后才知道松针和柏叶都是最后凋落的。"

[智慧]

如果一直是盛夏，怎么分得清哪棵树生命力最顽强呢？经历了寒冬，才知道松柏可以坚持到最后。

人，如果不经历一些事情，是很难真的看清楚身边的人，不经历很多事情，是很难找到那个可以相守一生的朋友的。

9.29

[原文]

子曰："知者不惑，仁者不忧，勇者不惧。"

[释义]

孔子说："智慧的人不会疑惑，仁德的人不会忧愁，勇敢的人不会恐惧。"

[智慧]

智、仁、勇，三者合一，就是君子。

有智慧的人，就是既有知识，又有知觉的人。有知识，就是明白人和自然的关系，不违背自然规律做事情；有知觉，不是说简单的感觉，而是自己能够不断探索新知识。

心怀仁德的人，发自内心地善待芸芸众生，自己获得快乐。

勇于承认错误的人，内心强大，对自己有充分且正确的评价和判断，对自己充满尊重和自信，没有什么外在的负面情绪会轻易影响他的判断力，没有什么事情可以真正打扰到他的内心，如此，恐惧何来？

9.30

[原文]

子曰："可与共学，未可与适道；可与适道，未可与立；可与立，未可与权。"

[释义]

孔子说："可以一起学习的人，未必可以一起走上人生的正途；可以一起走上人生正途的人，未必可以一起立身处世；可以一起立身处世的人，未必可以一起通权达变。"

[智慧]

同学之间，虽然同一专业、同一老师授课，但是毕业以后不一定从事相同的工作，也不一定有相同的人生观。

志同道合的朋友，行为方式也可能有差异；事业一样，处事方式很类似，但是面对具体问题的时候，应对措施还是可能会有差异。想找到完全一致的志同道合者的概率是很低的，低到了几乎不可能。只要有些方面能够一致，这样的朋友就值得好好珍惜。

儒家强调依经从权。"经"就是规矩，我们都要遵守的社会价值观和基本的道德标准；"权"就是随具体情况而变化。

宋太宗死后，李皇后就和太监密谋要改立赵元佐为皇帝，甚至要改太宗遗诏。平时迷迷糊糊的宰相吕端忽然就清醒了，他先是把准备假传圣旨的太监给骗到了一个房间里，锁上房门，派人把守，然后又派专人请遗诏中的太子赵元侃，即赵恒，就是宋真宗，前来登基。等到这一系列复杂的程序完成以后，皇帝终于登基了，看到皇帝坐在龙椅上，前面挂着珠帘，所有大臣都等着跟宰相一起下跪磕头，可是吕端居然直接走上御阶，直接走到了皇帝御座前面，命令太监把珠帘拉起来，仔细端详，确认了坐在御座上的是赵元侃本人，这才走下台阶，带领着大臣们一起山呼万岁。后世史学家评价吕端，就是小事糊涂，大事不含糊。

9.31

[原文]

"唐棣之华，偏其反而。岂不尔思？室是远而。"子曰："未之思也，夫何远之有？"

［释义］

"唐棣树的花啊，随风飘舞。我怎么会不想念你呢？只是我住得太远了啊。"孔子说："还是不够想念啊，不然怎么会觉得远呢？"

［智慧］

"唐棣之华"，这几句诗应该是孔子时代的古诗或者民谣之类，肯定是描写思念的。孔子觉得，还是思念不够强烈，否则住得远怎么会是借口呢？

孔子评论这首诗，也可以理解是借以隐喻"仁"。有心求仁，就不会找借口；意志不坚定或者还没有下定决心要追求仁德的人，才会找各种借口搪塞。

乡党第十

10.1

[原文]

孔子于乡党，恂恂如也，似不能言者。其在宗庙朝廷，便便言，唯谨尔。

[释义]

孔子在乡里，温和而恭顺，好像不会说话的样子；在宗庙和朝堂之上，说话顺畅明晰，只是很有分寸。

[智慧]

"乡党"无论是理解为孔子在乡村，还是他的家乡，都是讲孔子与百姓在一起，或者是和他儿时的玩伴在一起，孔子一定会是这些人所仰慕、羡慕的对象，但他们不是孔子宣道的对象。这个时候表现温和、恭顺，对别人多一些谦卑、多一些尊重，会让这些平实朴素的乡民感到很舒适、很愉快。

但是到了朝堂之上，这里不但是国家政令之所出，影响治下百姓，更是孔子宣道的对象，那么孔子一定要说，而且还能很顺畅地说，会把握分寸，不会把正式场合的发言变成和邻居话家常。

根据不同的场合，不同的受众对象，来选择不同的态度和谈话内容，而且这一切都要依礼而行，不事权诈，这就是孔子的智慧。

孔子主张知识与实践相结合，第十篇大多在描述孔子践行礼仪的具体行为。

10.2

[原文]

朝，与下大夫言，侃侃如也；与上大夫言，訚訚如也。君在，踧踖如也，与与如也。

[释义]

上朝的时候，和下大夫说话，温和而愉快；与上大夫说话，正直而坦诚。君主在的时候，恭敬而局促，行步安详稳重。

[智慧]

孔子对不同身份的人给予不同的礼仪。

10.3

[原文]

君召使摈，色勃如也，足躩如也。揖所与立，左右手，衣前后，襜如也。趋进，翼如也。宾退，必复命曰："宾不顾矣。"

[释义]

君主让孔子接待外国宾客，孔子的面色庄重，走路似逡巡不前。同别人作揖施礼，向左边拱手，再向右边拱手，衣裳前后摆动，非常整齐利落。快步向前走的时候，衣襟展起，好像鸟儿的翅膀一样。宾客离开了，一定回复君主："宾客已经不回头了。"

[智慧]

"摈"，同"傧"，表示引导、接待宾客。现在有些婚礼需要新郎、新娘的同性朋友做"傧相"，就是帮助新婚男女方接待宾客的意思。

宾主分别时，回头拱手作揖，表示依依惜别，直到宾主距离足够远，宾客才会头也不回地离开，主人才可以返回自己的房屋。现在仍然有这种礼仪，送客人一定要让客人先离开，送客人到门外，然后驻足片刻，等到客人离开视线，主人才返回。

孔子是代君主礼送宾客，所以在宾客离开后，一定要回复君主已经合乎礼仪地把宾客送走了。

10.4

[原文]

入公门，鞠躬如也，如不容。立不中门，行不履阈。过位，色勃如也，足躩如也，其言似不足者。摄齐升堂，鞠躬如也，屏气似不息者。出，降一等，逞颜色，怡怡如也。没阶，趋，翼如也。复其位，踧踖如也。

[释义]

孔子走进朝廷的门，谨慎而敬畏，就好像没有容身之地。不站在门中间的位置，走路不踩门槛。经过君主的座位，神情庄重，脚步加快，逡巡不前，惜字如金。提着衣服下摆走上朝堂的台阶，谨慎而敬畏，憋着气，好像不呼吸。走出朝堂，下了一级台阶，脸色才恢复一些，显得轻松愉快。下完了台阶，快步向前走，衣襟展起，像鸟儿的翅膀一样。回到了自己的位置，恢复了恭敬而局促不安的样子。

[智慧]

官员上朝，提着长衣的下摆，有序上台阶。进入朝堂，先朝拜君主，然后议事。

有些礼仪到了今天也是日常规矩。如不踩门槛，很多地方有讲究，做客不能踩主人家的门槛。佛家认为寺庙大殿的门槛是佛的肩膀，不踩寺庙的门槛。

10.5

[原文]

执圭，鞠躬如也，如不胜。上如揖，下如授。勃如战色，足蹜蹜如有循。享礼，有容色。私觌，愉愉如也。

[释义]

孔子用手拿着圭，谨慎而敬畏，好像拿不住一样。向上举起就好像作揖的样子，向下拿着就好像要把圭递给别人一样。神色庄重，脚步紧凑，好像踩着一条线似的。献礼物的时候，雍容大方。与别国臣属私下见面的时候，显得轻松愉快。

[智慧]

孔子在举行典礼和代表本国君主向他国君主献礼物的时候，因为是正式场合，所以非常庄重且得体，每个步骤甚至都会配合不同的神态。而私下见面，离开了国家间的典礼，就会亲切且轻松。

古人有古人的礼仪，今人有今人的礼仪。普通人的礼仪要注意分寸。

10.6

[原文]

君子不以绀緅饰。红紫不以为亵服。当暑，袗絺绤，必表而出之。缁衣，羔裘；素衣，麑裘；黄衣，狐裘。亵裘长，短右袂。必有寝衣，长一身有半。狐貉之厚以居。去丧，无所不佩。非帷裳，必杀之。羔裘玄冠不以吊。吉月，必朝服而朝。

[释义]

君子不用天青色和铁灰色做衣服的镶边。平常居家的衣服不用浅红色和紫色。夏天的时候，穿着细葛布或者粗葛布做的单衣，外出的时候一定要加一件衣服。穿黑色礼服的时候，上衣是羊皮的衣服；穿白色礼服的时候，上衣是鹿皮的衣服；穿黄色礼服的时候，上衣是狐皮的衣服。居家的皮衣要做得长一些，但是右边的袖子要短一些。睡觉的时候要盖被子，被子要是身长的1.5倍。用狐貉的皮毛做坐垫。服丧期满以后，就可以在身上佩戴各种物品了。不是正式场合穿的裙子，要裁去一些布。不穿黑色的羊皮衣和黑色的帽子去吊丧。每月初一，一定要穿着正式的礼服去朝贺。

[智慧]

古时候衣服分为上下两部分，上身穿的是"衣"，下身穿的是"裳"，上下的衣和裳是分开的。

古往今来，服饰都能体现礼仪之道。

10.7

[原文]

齐，必有明衣，布。齐必变食，居必迁坐。

[释义]

斋戒，一定要有浴衣，用布做的。斋戒需要改变平时的饮食，换一个房间居住。

[智慧]

斋戒，是祭祀之前自我禁欲以示虔诚的仪式。比平时吃的要简单、素淡，比平时住的要简朴。

10.8

[原文]

食不厌精，脍不厌细。食饐而餲，鱼馁而肉败，不食。色恶，不食。臭恶，不食。失饪，不食。不时，不食。割不正，不食。不得其酱，不食。肉虽多，不使胜食气。惟酒无量，不及乱。沽酒市脯不食。不撤姜食，不多食。

[释义]

粮食不嫌舂得精致，鱼肉不嫌切得细碎。粮食放久了发霉，鱼肉时间长了腐臭，不吃。食物的颜色变了，不吃。食物的气味变了，不吃。食物烹调不合适，不吃。不合时令，不吃。肉不是按照正确的方法切割，不吃。该有调味酱但是没有的，不吃。宴席上肉虽然多，但是吃它不能超过主食。喝酒不限量，但是以不喝醉、不乱了礼数为限。买来的酒和肉干，不吃。吃肉的时候，要放一些姜，但是不多吃。

[智慧]

孔子既有文化，又会生活，很注重生活的细节和品质，对吃的东西很有讲究。

10.9

[原文]

祭于公，不宿肉。祭肉不出三日。出三日，不食之矣。

[释义]

辅助君主进行祭祀，用的肉不能留待隔日。其他祭祀用的肉存留不能超过三天。超过三天的，就不吃了。

[智慧]

古代君主祭祀的时候，会根据不同的礼仪选择用肉，而且会在祭祀礼仪结束以后，把祭祀用的肉分赐给陪同君主参与祭祀典礼的臣子。

古人通过祭祀，表示对天地神祇和祖宗的尊敬。牛、羊、豕都用，就叫"太牢"；只用羊和豕，就叫"少牢"。

10.10

[原文]

食不语，寝不言。

[释义]

吃饭的时候不交谈，睡觉之前不说话。

[智慧]

嘴里正在咀嚼的时候，不要交谈。嘴里不吃食物时，当然可以和家人、友人交谈，说完再吃食物。

如果准备就寝，那么就要让自己安静地处于将要睡眠的状态，这个时候如果还在说话，或者玩手机，就会让自己兴奋起来，很难入睡。

10.11

[原文]

虽疏食菜羹，瓜祭，必齐如也。

[释义]

即使是糙米饭、菜汤和瓜的祭祀，祭的时候也一定要像斋戒了一样。

[智慧]

齐，即"斋"。

吃饭前，行祭礼，感谢能让自己有饭吃的先人。

还有一种可能，就是孔子重视食物，即便是普通的蔬菜，也要予以重视。"民以食为天"，什么都可以没有，就是不能没有饭吃。因此每个人都不要浪费食物。

10.12

[原文]

席不正，不坐。

[释义]

座席摆放不合礼仪，不坐。

[智慧]

春秋时期，人们席地而坐。在地面铺上一层席子，席子的质地不同，厚薄不一，摆放的方位、位置等有规矩。

10.13

[原文]

乡人饮酒，杖者出，斯出矣。

[释义]

孔子与乡里人一起饮酒聚会，要等到年长的人离席以后，自己才出去。

[智慧]

让年长的人先入席，先动筷子夹菜，特别是有的地方讲究吃鱼的时候一定是桌上最年长的人先夹第一下；吃完饭，要让年长的人先离席。

10.14

[原文]

乡人傩，朝服而立于阼阶。

[释义]

乡人举行迎神驱逐疫鬼仪式的时候，孔子穿着正式的朝服站在东边的台阶上。

[智慧]

孔子不讨论鬼神，但是不反对鬼神。孔子对鬼神的态度是搁置不论，保持基本的尊敬。

很多人以为，自己不知道的就是错的，跟自己认知不一致的就是错的，然后就要指责、改变甚至毁灭对方。孔子看明白了人与人相处的一个关键因素：求同存异。我可以不认可你，但我一定会尊重你，反之亦然，这是与人交往的基础。

10.15

[原文]

问人于他邦，再拜而送之。

[释义]

托人向其他诸侯国的朋友问候或者送礼，一定对所托之人两次作揖，然后送他离开。

[智慧]

古人写信，经常在最后加上"某再拜""某顿首""某某再拜顿首"，就是我通过文字向您两次拱手作揖，如果对方是长辈或者上级，那就表示向您磕两个头，以示尊重。

现在公函常写"顺颂商祺"，邮件常写"祝好"，等等。

10.16

[原文]

康子馈药，拜而受之。曰："丘未达，不敢尝。"

[释义]

季康子给孔子送药，孔子作揖而接受，说："我不了解这个药，所以不敢吃。"

[智慧]

按照周礼，别人赠送食物，特别是国君、上级、师长等赠送的食物，接受之后，表示完谢意，一定要当着对方的面吃一口，或者是当着送食物的使者的面前吃一口，以示尊重，也表示对于尊者的信任。

但是季康子送的是药。孔子不了解季康子送的药适不适合自己，但是领导送礼不能不收，于是先拜谢，然后很诚实地说，我不懂医药，所以暂时还不敢尝您送来的药。言外之意是：我如果请教了医师，这种药适合我的身体，我一定会吃的。

聪明的人，讲求礼仪的前提是：不会伤害自己。

10.17

[原文]

厩焚。子退朝，曰："伤人乎？"不问马。

[释义]

马厩被火烧了。孔子刚好退朝，问："有人受伤吗？"不问马的情况。

[智慧]

问人不问马，这很好理解，表示孔子尊重人的生命。

10.18

[原文]

君赐食，必正席先尝之。君赐腥，必熟而荐之。君赐生，必畜之。侍食于君，君祭，先饭。

[释义]

君主赐给熟食，孔子一定要庄重地摆正座席先尝一下。君主赐给生食，一定要做熟了，先供奉祖先。君主赐给活物，一定养着它。与君主一起用餐，在君主作餐前祭礼的时候，自己先品尝食物。

[智慧]

国君赐给不同的食物，孔子按照不同的礼仪予以回应。

古时候国君用餐之前，都会有专人给国君尝菜，就是把给国君的每道菜都尝一两口，然后等一会儿，这个尝菜的人没事，国君才吃饭。

"君祭，先饭"，除了为国君试菜、试毒，还能表示大臣对君主的忠诚。

10.19

[原文]

疾，君视之，东首，加朝服，拖绅。

[释义]

孔子生病了，国君前来探视，孔子的头向东躺着，把朝服盖在身上，拖着大腰带。

[智慧]

春秋时期，主人从东门进入，站在东侧台阶。孔子虽为病人，但是也要遵守礼仪，头改向东侧躺着，迎接君主。

10.20

[原文]

君命召，不俟驾行矣。

[释义]

君主传召孔子，孔子不等车驾准备好，就立刻准备出发了。

[智慧]

君主召见，孔子应该不会步行着去见君主，毕竟马车比步行快得多，而且大臣要保持比较好的仪表去见国君。

因此，这里是说孔子表现出一种高度重视的态度，并不是孔子真的不要马车而步行去见君主。

10.21

[原文]

入太庙，每事问。

[释义]

孔子进入太庙，每件事情都要问。

[智慧]

孔子是鲁国人，鲁国的第一位国君是周公，所以太庙应该是祭祀周公之所在。

多问，就是会学习。

10.22

[原文]

朋友死，无所归，曰：于我殡。

[释义]

朋友去世了，没有人料理后事，孔子说：我来负责后事。

[智慧]

这里在记录孔子交友之义。

10.23

[原文]

朋友之馈，虽车马，非祭肉，不拜。

[释义]

朋友馈赠礼物，即便是车马，只要不是祭祀用的肉，孔子都不会作揖行礼。

[智慧]

车马比一块肉要贵重，但是，接受祭品要作揖，接受朋友送的车马不需要作揖。孔子不会违反礼仪进行拜谢。

10.24

[原文]

寝不尸，居不客。

[释义]

睡觉的时候不平躺着，平时坐着不会用双足跟承着臀部。

[智慧]

中医主张侧卧睡觉，最好是向右侧卧，身体适当蜷缩。

古时候席地而坐。在正式场合，双足跟要承着自己的臀部。平时居家，孔子用比较舒适随意的姿势。

10.25

[原文]

见齐衰者，虽狎，必变。见冕者与瞽者，虽亵，必以貌。凶服者式之，式负版者。有盛馔，必变色而作。迅雷风烈，必变。

[释义]

孔子看见穿着孝服的人，虽然平时关系很亲密，也会神态庄重。看见戴礼帽的人和盲人，虽然经常见面，也一定会表示礼貌之态。坐在车上，看见穿着丧服的人，身体前倾扶着车前面的横木，以示心意。看见背负着国家图籍的人，也会手扶车前面的横木，以示心意。做客时，有丰盛的菜肴，一定端正神色，向主人致意。遇到疾雷、大风，一定会改变神态，表示对上天的敬畏。

[智慧]

"式"，即"轼"，古时候马车前面的横木，这里作动词用，扶着横木。

"迅雷风烈，必变"，这句话还救过一个皇帝的命。当年曹操和刘备煮酒论英雄，当曹操指出只有他和刘备才是天下英雄时，刘备吓得把筷子都掉地上了，恰好一声惊雷，刘备就用孔子这个"听雷声变色"的典故，让曹操觉得自己迂腐，于是曹操把刘备放了，刘备终于蛟龙归海，再也不入池中了。

10.26

[原文]

升车，必正立，执绥。车中，不内顾，不疾言，不亲指。

[释义]

孔子上车，一定先站好，再抓住扶手带子登车。站在车上的时候，不向车里面看，不急速地说话，不用手指指点点。

[智慧]

这里记录孔子上车、坐车的礼仪。

当代生活中，上车无礼、坐车无礼、开车无礼、下车无礼，惹出祸事，不在少数。

10.27

[原文]

色斯举矣，翔而后集。曰："山梁雌雉，时哉时哉！"子路共之，三嗅而作。

[释义]

孔子走在山谷中，看到了几只野鸡。孔子的脸色发生了变化，野鸡们飞上了天空，盘旋一下，又聚集在一起了。孔子说："这些山梁里的野鸡啊，很懂得时宜！很懂得时宜！"子路向它们拱拱手，它们振了振翅膀又飞走了。

[智慧]

这些话有些费解，不好说到底在讲什么。存疑待考。

先进第十一

11.1

[原文]

子曰："先进于礼乐，野人也；后进于礼乐，君子也。如用之，则吾从先进。"

[释义]

孔子说："秉持着西周以前礼乐文教的，是野人；秉持着西周以后礼乐文教的，是君子。若要用礼乐，我主张用西周以前的。"

[智慧]

另有一说：先进、后进，表示礼乐和做官先后顺序。春秋时期，寒门子弟罕有机会进入庙堂，还是孔子很看重这些人。

11.2

[原文]

子曰："从我于陈、蔡者，皆不及门也。"

[释义]

孔子说："跟着我在陈国、蔡国之间忍饥挨饿的那些人，现在都不在身边了。"

[智慧]

这是孔子年老的时候回忆受困于陈、蔡的情形，慨叹那些帮助过他的弟子都不在身边了。

时光流逝，物是人非，孔子也不例外，在大发感慨。

11.3

[原文]

德行：颜渊、闵子骞、冉伯牛、仲弓。言语：宰我、子贡。政事：冉有、季路。文学：子游、子夏。

[释义]

孔子弟子各有所长。德行优良者：颜渊、闵子骞、冉伯牛、仲弓。善于言辞者：宰我、子贡。善于处理政事者：冉有、季路。熟悉古代文献者：子游、子夏。

[智慧]

德行、言语、政事、文学，即"四科"。

孔子曾经希望他的弟子们"志于道，据于德，依于仁，游于艺"，但是我们看孔子对学生们的分类，有的德行好，有的善于言辞，有的善于从政，有的文学能力强。即便是孔子最得意的弟子——颜渊，也只是占了其中一项。没有哪个弟子可以全德全才。这说明德才兼备的人实在是太难找了。

这里就有一个用人的学问了。德才兼备可遇而不可求，那么鱼与熊掌不可兼得的时候，领导该怎么选人呢？人才的选拔，看重人品，还是看重才干，不同的时代有不同的侧重，如此而已。

11.4

[原文]

子曰："回也非助我者也，于吾言无所不说。"

[释义]

孔子说："颜回，不是帮助我的人，他对我说的话没有不满意的。"

[智慧]

这句话看起来是对颜回的赞扬，可是我觉得这是整部《论语》里罕有的孔子对颜回的批评，或者说叫明褒暗贬。

颜回对孔子的话从不违背，从不提出异议，而是孔子说什么他就做什么，不打折扣。孔子明白没有什么人是从不犯错的，只要"不二过"就是君子了。作为自己最得意的弟子，从来不违逆他，从来不提意见，把自己当作神一样高高抬起，这对于孔子的学术、教学甚至于个人修为都没有好处。

相比较而言，子见南子，子路不悦，觉得老师做得不对，直接提出来，逼得孔夫子都开始赌咒发誓了。垂垂老矣的孔子知道子路的死讯时，非常悲伤。因此，我觉得孔子和子路的师生关系更加难得。

11.5

[原文]

子曰："孝哉，闵子骞！人不间于其父母昆弟之言。"

[释义]

孔子说："孝顺啊！闵子骞！别人对于他的父母兄弟称赞他的话没有异议。"

[智慧]

闵子骞的父亲娶了继母，继母带来了一个男孩。继母对闵子骞很不好，甚至于有虐待的嫌疑。但是闵子骞依然恪守孝悌之道。

"谣言止于智者"，很难。要多高的智慧，才能分清哪些是谣言，还不为所动呢？人与人之间亲密无间，信任无猜，就更难做到了。唯其如此，我们对别人的信任才要更加珍惜。

11.6

[原文]

南容三复"白圭"，孔子以其兄之子妻之。

[释义]

南容反复诵读"白圭"诗句，孔子把自己哥哥的女儿嫁给了他。

[智慧]

《诗经·大雅》："白圭之玷，尚可磨也；斯言之玷，不可为也。"

意思是：白圭有瑕疵，可以磨掉；如果言语有瑕疵，就不可补救了。

南容反复读"白圭"，说明他是一个言语谨慎的人。

11.7

[原文]

季康子问："弟子孰为好学？"孔子对曰："有颜回者好学，不幸短命死矣！今也则亡。"

[释义]

季康子问："弟子中谁好学？"孔子回答："颜回非常好学，很不幸，他年龄不大就去世了。现在没有这样的弟子了。"

[智慧]

鲁哀公也问过这个问题，孔子详细回答。

简单回答季氏，详细回答鲁君，可见孔子对二人态度不同。

11.8

[原文]

颜渊死，颜路请子之车以为之椁。子曰："才不才，亦各言其子也。鲤也死，有棺而无椁。吾不徒行以为之椁。以吾从大夫之后，不可徒行也。"

[释义]

颜渊死了，他的父亲颜路请求孔子卖掉车子来为颜渊置办外椁。

孔子说："不论是否有才能，说起来总是自己的儿子。孔鲤死的时候，也是有棺而无椁。我不能把车子卖掉为颜渊置办椁。因为我曾经担任大夫，依礼是不可以步行的。"

[智慧]

颜路，颜渊的父亲，也是孔子的弟子。

孔鲤，孔子的儿子，在孔子七十岁的时候故去，享年五十岁。

孔子面对自己身后事，坚持依礼来办；面对颜渊丧事，依然要自己依礼而行。总之，面对死亡，也不可废礼。

11.9

[原文]

颜渊死。子曰："噫！天丧予！天丧予！"

[释义]

颜渊死了。孔子说："唉！老天这是要我的命啊！老天这是要我的命啊！"

[智慧]

读《论语》，感觉孔子一直是把颜回当作自己的接班人来培养和呵护的。对于这位非常看重的弟子的故去，孔子不止一次表达出悲哀和惋惜之情。

其实，老天要的并不是命；在孔子看来，是要自己的接班人啊。

11.10

[原文]

颜渊死，子哭之恸。从者曰："子恸矣！"曰："有恸乎？非夫人之为恸而谁为？"

[释义]

颜渊死了，孔子哭得非常伤心。跟在身边的弟子说："夫子哭得太伤心了。"孔子说："非常伤心吗？我不为这样的人伤心，该为谁伤心呢？"

[智慧]

颜回故去，孔子为之伤心流泪，因为痛失自己的接班人。

11.11

[原文]

颜渊死，门人欲厚葬之。子曰："不可。"门人厚葬之。子曰："回也视予犹父也，予不得视犹子也。非我也，夫二三子也。"

[释义]

颜渊死了，弟子们想要厚葬他。孔子说："不可以。"但是弟子们还是厚葬了颜渊。孔子说："颜回啊，你把我当作父亲看待，但是我不能把你当作儿子一样看待。这种不合礼的事情不是我的主意，是你的同学们做的啊。"

[智慧]

颜回过世，孔子虽然非常伤心，但是仍然坚持按照礼仪来办理他的后事。生死是小，礼仪为大，这是孔子恪守的原则。

11.12

[原文]

季路问事鬼神。子曰："未能事人，焉能事鬼？"曰："敢问死。"曰："未知生，焉知死？"

[释义]

季路请教如何服侍鬼神。孔子说："还没有学会怎么服侍人，怎么能服侍鬼呢？"季路又问："大胆地请教关于死的问题。"孔子说："生的道理还没有明白，怎么能够明白死的道理呢？"

[智慧]

让他的弟子们先学会如何做人，先学会如何在有限的生命中创造社会价值，即以人文而不是以鬼神去治国。

11.13

[原文]

闵子侍侧，訚訚如也；子路，行行如也；冉有、子贡，侃侃如也。子乐。"若由也，不得其死然。"

[释义]

闵子骞站在孔子身边，恭敬而正直的样子；子路，很刚强的样子；冉有、子贡，很温和而快乐的样子。孔子很高兴。但是他还说："像子路这样的，恐怕不能善终啊。"

[智慧]

仲由，字子路，尚武，为人耿直而刚强。子见南子时，子路公开表达不满而逼着老师发誓了。子路后来在卫国内乱中，死于非命，"未得其死然"。孔子在提醒子路。

这一段记录有可能是闵子骞的弟子记录的，因为在整部《论语》里，称闵子骞为"闵子"的，只此一处。

当然还有一种可能，此处也是记录的"闵子骞"，只是漏掉了"骞"字。

11.14

[原文]

鲁人为长府。闵子骞曰："仍旧贯，如之何？何必改作？"子曰："夫人不言，言必有中。"

[释义]

鲁国的大夫要重修长府。闵子骞说："继续用，难道不可以吗？为什么一定要重修呢？"孔子说："（闵子骞）这个人一般不说话，如果说话一定中肯。"

[智慧]

孔子对闵子骞的评价很高：说话少，但是说了就能说到关键点。

说话和做事，以结果来衡量好坏，不是以数量来定优劣。

11.15

[原文]

子曰："由之瑟奚为于丘之门？"门人不敬子路。子曰："由也升堂矣，未入于室也。"

[释义]

孔子说："仲由弹瑟的水平怎么能成为我的弟子呢？"孔子的弟子们于是不尊重子路。孔子说："仲由的学问已经很不错了，只是还不够精深。"

[智慧]

子路弹瑟的水平估计不高，孔子批评子路水平不达要求。其他弟子因此轻视子路，孔子就为自己的弟子重新评价：子路已经有相当的学识基础了，只是还尚未得到精髓。

子路是孔子很早的弟子。这样老资格的弟子依然会被其他人轻视，只是因为老师对他某一方面的技能提出了批评。这就是人性。从这个角度来看，作为管理者，要慎重对别人进行评价，因为你的评价会影响很多人。

当然，我们凡事要有自己独立的见解和态度，要自省自查，不要盲从。

11.16

[原文]

子贡问:"师与商也孰贤?"子曰:"师也过,商也不及。"曰:"然则师愈与?"子曰:"过犹不及。"

[释义]

子贡问:"子张和子夏谁更优秀?"孔子说:"子张做事会过头,子夏做事还不够。"子贡继续问:"那么是不是子张会更优秀一些呢?"孔子说:"做得过头和做得不够同样不好。"

[智慧]

子张,即颛孙师;子夏,即卜商。都是孔子的弟子。

孔子奉行中庸之道:凡事不要过分,也不要不足,恰到好处的那个状态最好。不冒进也不畏缩,只要心态平静了,遵从人的本心,做事情就不会出格。

11.17

[原文]

季氏富于周公,而求也为之聚敛而附益之。子曰:"非吾徒也。小子鸣鼓而攻之,可也。"

[释义]

鲁国的季氏比鲁国的国君还富有,但是冉求还是为季氏不停地聚敛钱财,增加财富。孔子说:"冉求不是我的弟子,你们可以大张旗鼓地批判他。"

[智慧]

季氏使用八佾之舞僭越礼仪，孔子已经非常愤怒了。孔子对于三桓的行为一直都非常不满甚至痛恨。冉求党附季氏，帮着敛财。孔子一定是既失望又愤恨，所以罕见地要开除冉求的学籍，让弟子们大张旗鼓地批判冉求。

孔子的政治理想是积极入仕。孔子先教弟子们如何做人，也就是孝悌，然后积极做事情，对人要忠诚，做事要讲诚信，但是做事的前提必须是依据礼法，积极趋向于实现大同社会。

11.18

[原文]

柴也愚，参也鲁，师也辟，由也喭。

[释义]

高柴朴拙，曾参憨直，颛孙师固执，仲由豪放。

[智慧]

高柴，字子羔。参，即曾参。师，即颛孙师，就是子张。由，仲由，就是子路。都是孔子的弟子。

孔子主张因材施教，所以他会经常评判弟子们的性格特点，以便采取不同的教育方式，让这些资质本来平平甚至有明显缺陷的人都逐渐成才，甚至成为大贤。

11.19

[原文]

子曰:"回也其庶乎,屡空。赐不受命,而货殖焉,亿则屡中。"

[释义]

孔子说:"颜回的学问修养已经差不多了,可是常常穷得一文不名。端木赐从来不安本分,他自己做生意,经常能把握住市场行情。"

[智慧]

颜回安贫乐道,子贡经商赚钱,两位都成了大贤,后世人该学哪一位?这种选择真的是千古难题。孔子也只能分别评论,不好比较孰优孰劣。

11.20

[原文]

子张问善人之道。子曰:"不践迹,亦不入于室。"

[释义]

子张问如何成为善人。孔子说:"不遵循前辈的足迹,是很难提高自己的学问道德修养的。"

[智慧]

子张问怎么才能成为善人。孔子说过"登堂入室",这里则说"践迹入室",就是强调在尊重前人经验的基础上,提高自己的修养。

11.21

[原文]

子曰："论笃是与，君子者乎？色庄者乎？"

[释义]

孔子说："总是推崇言论要忠诚厚重的人，是真正的君子，还是神情伪装成庄重的呢？"

[智慧]

孔子曾经讲"听其言而观其行"，就是既要听这个人怎么说，还要看他怎么做，从而可以判断是真君子还是伪装者。

11.22

[原文]

子路问："闻斯行诸？"子曰："有父兄在，如之何其闻斯行之？"冉有问："闻斯行诸？"子曰："闻斯行之。"公西华曰："由也问'闻斯行诸'，子曰'有父兄在'；求也问'闻斯行诸'，子曰'闻斯行之'。赤也惑，敢问。"子曰："求也退，故进之；由也兼人，故退之。"

[释义]

子路问："听到了觉得正确的道理，就去行动吗？"孔子说："父亲和兄长还在，怎么能听到就去做呢？"冉有问："听到了觉得正确的道理，就去行动吗？"孔子说："听到了就去做啊。"公西华问："仲由问您'听到了就去做吗'，您说'父亲和兄长还在呢'；冉求问您'听到了就去做吗',您说'听到了就去做啊'。我有些疑惑,请您帮忙解释一下。"孔子说:"冉求做事经常很畏缩,所以我要鼓励他;仲由平时做事敢作敢为,所以我让他谨慎一些。"

[智慧]

冉求,字子有,也称为冉有。

这段话的核心思想还是因材施教。

11.23

[原文]

子畏于匡,颜渊后。子曰:"吾以女为死矣。"曰:"子在,回何敢死?"

[释义]

孔子在匡地被人围困,颜渊后来才到。孔子说:"我还以为你死了呢。"颜渊说:"您还活着呢,我怎么敢死啊。"

[智慧]

孔子被困匡地,颜回终于赶来了,老师没有着急问他好不好,而是像慈父一样开了一个"抱怨式"的玩笑:"我还以为你死了呢",个中意思自然是很高兴颜回还活着。

这个时候,颜回如果诉说自己怎么逃出来的或者问候孔子好不好,就有些俗套且无味了,于是也开了个小玩笑:"您还活着呢,我也不敢先死啊。"

一来一回两句话,师生之情尽在其中。

可惜颜回这位可以继承衣钵的弟子，最终先自己死去，这是孔子的一大悲哀。

孔子和他的弟子们，师生关系融洽，令人羡慕。

11.24

[原文]

季子然问："仲由、冉求可谓大臣与？"子曰："吾以子为异之问，曾由与求之问。所谓大臣者，以道事君，不可则止。今由与求也，可谓具臣矣。"曰："然则从之者与？"子曰："弑父与君，亦不从也。"

[释义]

季子然问："仲由、冉求可以说适合做大臣吗？"孔子说："我还以为你问别人呢，原来是问仲由和冉求啊。适合做大臣的人，就是用仁义的方式来对待君主，如果做不到，那就宁肯不做官。现在的仲由和冉求，可以说是相当合格的大臣了。"季子然继续问："那么他们会对上级绝对的唯命是从吗？"孔子说："如果是让他们做杀父、杀君的大逆之事，他们也是不肯听从的。"

[智慧]

季子然是鲁国季氏家族的人。

弑君、弑父，属于古代"十恶"。

三桓把持朝政，架空鲁国国君，距离弑君也就一步之遥了。所以孔子警告说，他教出的学生，即便忠于上级，也不会做此等大逆不道之事。君子有所为，有所不为。

11.25

[原文]

子路使子羔为费宰。子曰："贼夫人之子。"子路曰："有民人焉，有社稷焉，何必读书，然后为学？"子曰："是故恶夫佞者。"

[释义]

子路安排子羔做费县的官员。孔子说："这样是害了那里人的孩子啊。"子路说："费县有百姓和各级官员，有土地和粮食，为什么一定要先读书，然后才能算是做学问了呢？"孔子说："这就是我讨厌能言善辩者的原因。"

[智慧]

高柴，字子羔，比较老实本分，简单朴拙。孔子觉得他还不具备做官的能力，对于子路这种安排不满意，但是子路狡辩，孔子觉得子路不务实。

孔子的理念是一定要先进行文献的学习，具备了理论知识，再进行实践，而不是脱离了知识，直接在工作中实践。

11.26

[原文]

子路、曾皙、冉有、公西华侍坐。子曰："以吾一日长乎尔，毋吾以也。居则曰：'不吾知也！'如或知尔，则何以哉？"

子路率尔而对曰："千乘之国，摄乎大国之间，加之以师旅，因之以饥馑；由也为之，比及三年，可使有勇，且知方也。"夫子哂之。

"求！尔何如？"对曰："方六七十，如五六十，求也为之，比及三年，可使足民。如其礼乐，以俟君子。"

"赤！尔何如？"对曰："非曰能之，愿学焉。宗庙之事，如会同，端章甫，愿为小相焉。"

"点！尔何如？"鼓瑟希，铿尔，舍瑟而作，对曰："异乎三子者之撰。"子曰："何伤乎？亦各言其志也。"曰："莫春者，春服既成，冠者五六人，童子六七人，浴乎沂，风乎舞雩，咏而归。"夫子喟然叹曰："吾与点也！"

三子者出，曾皙后。曾皙曰："夫三子者之言何如？"子曰："亦各言其志也已矣。"曰："夫子何哂由也？"曰："为国以礼，其言不让，是故哂之。""唯求则非邦也与？""安见方六七十如五六十而非邦也者？""唯赤则非邦也与？""宗庙会同，非诸侯而何？赤也为之小，孰能为之大？"

[释义]

子路、曾皙、冉有、公西华陪孔子坐着。孔子说："我比你们虚长几岁，老了，没有人用我了。平时你们总说：'没有人了解我啊！'如果有人了解你们，请你们出仕，你们会怎么做呢？"

子路不假思索地回答："拥有千乘军车的国家，处于大国之间，外部有被军事侵犯的风险，内部有饥荒灾害的风险。如果我来治理这样的国家，三年时间，百姓都会非常勇敢，而且懂得最基本的大道理。"

孔子微微一笑。

孔子接着问："冉求，你怎么样？"冉求回答说："国土方圆六七十里或者五六十里的小国家，我去治理，三年时间，可以使得百姓都很富足。如果要他们懂得礼乐，就要等更贤明的君子了。"

孔子又问："公西赤，你怎么样？"公西赤回答说："不是说我有能力一定会办到，但是我愿意努力学着这样去做：祭祀或者同其他国家的盟会，我愿意穿着正规的礼服，戴着礼帽，做一个小司仪。"

孔子又问："曾点，你怎么样？"曾皙弹瑟正接近尾声，他放下瑟，站起来回答说："我和三位同学的志向不一样。"孔子说："那有什么妨碍呢？就是让你们各自说出自己的志向啊。"曾皙说："暮春时节，穿着春天的衣服，五六个成年人，六七个小孩子，在沂水中洗洗澡，在舞雩台上吹吹风，吟咏诗歌，然后回家。"孔子叹了口气说："我同意曾点的想法。"

子路、冉有、公西华出去了，曾皙留在后面。曾皙问："那三位同学说得怎么样？"孔子说："也不过是各自说出自己的志向罢了。"曾皙又问："老师为什么对仲由的话哂笑呢？"孔子说："治理国家应该以礼仪为先，他的话丝毫也不谦让，所以我对他的话报以一笑。"曾皙问："难道冉求讲的就不是国家了吗？"孔子说："怎么见得纵横六七十里或者五六十里的地方，就不是一个国家呢？"曾皙再问："难道公西赤讲的就不是国家了吗？"孔子说："有宗庙、有国与国之间的会盟，不是诸侯国是什么？如果公西赤只能做个小司仪，那么谁可以做大司仪呢？"

[智慧]

孔子的思想是"学而优则仕"：先把学业做好，自然可以做官，还能做好官。

孔子赞赏曾皙的想法。

颜渊第十二

12.1

[原文]

颜渊问仁。子曰:"克己复礼为仁。一日克己复礼,天下归仁焉。为仁由己,而由人乎哉?"颜渊曰:"请问其目。"子曰:"非礼勿视,非礼勿听,非礼勿言,非礼勿动。"颜渊曰:"回虽不敏,请事斯语矣。"

[释义]

颜渊问什么是仁。孔子说:"克制自己,使自己的言行都合乎礼仪,这就是仁。一旦实现了,全天下的人都会归向仁德。实现仁靠的是自己,难道还能指望别人帮忙吗?"颜渊说:"请您告诉我具体一些。"孔子说:"不合乎礼的事不看,不合乎礼的话不听,不合乎礼的话不说,不合乎礼的事不做。"颜渊说:"我虽然不聪明,但是我会努力做到这些。"

[智慧]

颜回请教孔子什么是"仁",孔子给出了标准的儒家答案:克己复礼。

这个礼应该是周礼,特别是周公旦亲自主持制定的一系列制度规范，具体就是"非礼勿视，非礼勿听、非礼勿言、非礼勿动"这四点。

12.2

[原文]

仲弓问仁。子曰："出门如见大宾，使民如承大祭。己所不欲，勿施于人。在邦无怨，在家无怨。"仲弓曰："雍虽不敏，请事斯语矣。"

[释义]

仲弓问什么是仁。孔子说："外出工作的时候就好像接待贵宾，役使百姓就好像举办重大祭祀典礼。自己不喜欢的事情，不要强加给别人。在自己的工作岗位上没有抱怨，不在工作岗位上也没有抱怨。"仲弓说："我虽然不聪明，但是我会努力做到这些。"

[智慧]

仲弓，即冉雍，孔子的弟子。

孔子核心思想之一"恕"在这里出现了，就是"己所不欲，勿施于人"。前面曾子替老师总结了一下一以贯之的道，就是"忠恕"。

恕强调换位思考，就是不要把自己的意志强加给别人，特别是本身就不喜欢的事情，就更不能强迫别人去做。

12.3

[原文]

司马牛问仁。子曰："仁者，其言也讱。"曰："其言也讱，斯谓之仁已乎？"子曰："为之难，言之得无讱乎？"

[释义]

司马牛问什么是仁。孔子说:"仁德的人,说话都很谨慎。"司马牛接着问:"说话谨慎,就可以说是仁德了吗?"孔子说:"仁德,做到都很难,说出来难道不应该谨慎吗?"

[智慧]

司马牛说话很多,脾气急,做事不稳当。孔子因材施教,劝导司马牛少说话,做事要谨慎。

12.4

[原文]

司马牛问君子。子曰:"君子不忧不惧。"曰:"不忧不惧,斯谓之君子已乎?"子曰:"内省不疚,夫何忧何惧?"

[释义]

司马牛问什么是君子。孔子说:"君子不忧愁,不恐惧。"又问:"不忧愁,不恐惧,这就是君子了吗?"孔子说:"自己问心无愧,还有什么可以忧愁和恐惧的呢?"

[智慧]

司马牛觉得不忧愁、不恐惧,这有何难,怎么就能称得上是君子了?孔子补充了四个字:"内省不疚",一下子戳中要害。试问:哪一个人扪心自问的时候,心下无比光明磊落,没有一丝愧疚呢?大部分人不忧愁不恐惧,那是还没到忧愁恐惧的时候,或者让自己不向忧愁恐惧的事情去想,而不是没有任何事情能让自己忧愁恐惧。"问心无愧"这四个字，谈何容易！

12.5

[原文]

司马牛忧曰："人皆有兄弟，我独亡。"子夏曰："闻之矣：死生有命，富贵在天。君子敬而无失，与人恭而有礼。四海之内，皆兄弟也。君子何患乎无兄弟也？"

[释义]

司马牛忧愁地说："别人都有兄弟，就是我没有。"子夏说："我听说：生和死都是命运，富贵与否都是老天安排的。作为一个君子只要认真对待自己的事业，不出差错，对待别人恭敬有礼，天下的人都是你的兄弟。君子怎么会担心没有兄弟呢？"

[智慧]

司马牛前面还觉得不忧愁有什么难的，这里就发愁自己没有兄弟了。其实司马牛有兄弟，他的哥哥就是宋国司马桓魋，就是要在半路谋害孔子的那个人。桓魋乱政，他的兄弟们都被迫逃出宋国，有国不能报，有家不敢回，所以司马牛才发此感慨。

有的人，亲兄弟反目成仇；有的人，四海之内皆兄弟。

12.6

[原文]

子张问明。子曰："浸润之谮，肤受之愬，不行焉，可谓明也已矣。浸润之谮，肤受之愬，不行焉，可谓远也已矣。”

[释义]

子张问什么是明见。孔子说："日积月累的谗言，胡编乱造的诬陷，你都不接受，可以说是有明见了。日积月累的谗言，胡编乱造的诬陷，你都不接受，可以说是有远见了。"

[智慧]

"明"，明见，见事明白。

"远"，远见，考虑长远。

人既要能明察秋毫，又要能具有远见卓识。

12.7

[原文]

子贡问政。子曰："足食，足兵，民信之矣。"子贡曰："必不得已而去，于斯三者何先？"曰："去兵。"子贡曰："必不得已而去，于斯二者何先？"曰："去食。自古皆有死，民无信不立。"

[释义]

子贡问如何处理政事。孔子说："充足的粮食，充足的军队，百姓信赖政府。"子贡说："如果迫于无奈，必须减少一项，应该从这三项中先去掉哪个呢？"孔子说："去掉军队。"子贡说："如果迫于无奈，必须减少一项，应该从这两项中先去掉哪个呢？"孔子说："去掉粮食。人没有不死的，但是如果百姓不信赖政府，国家就会垮掉。"

[智慧]

历史告诉我们，对于中国人来说，抵御外辱、上下同欲的信念，在很多时候，比粮食和武器更重要。

12.8

[原文]

棘子成曰："君子质而已矣，何以文为？"子贡曰："惜乎，夫子之说君子也！驷不及舌。文犹质也，质犹文也。虎豹之鞟犹犬羊之鞟。"

[释义]

棘子成说："君子只要有良好的本质就够了，要那些文采有什么用呢？"子贡说："您在说君子啊，可惜说错了。一言既出，驷马难追。文采就像人的本质一样，人的本质就像文采一样，两者同样重要。如果没有文采，就好像把虎豹之皮和狗羊之皮上的毛都拔掉，这两者就没什么区别了。"

[智慧]

棘子成，卫国大夫。

一个人，只是有先天质朴的本性还不够，还要学习和自修，这样才能让自己从形而上的知识层面到形而下的行为层面都保持一致。

12.9

[原文]

哀公问于有若曰："年饥，用不足，如之何？"有若对曰："盍彻乎？"曰："二，吾犹不足，如之何其彻也？"对曰："百姓足，君孰与不足？百姓不足，君孰与足？"

[释义]

鲁哀公问有若说："国家遇到饥荒的年份，用度不足，该怎么办呢？"有若说："为什么不执行十抽一的税制呢？"哀公说："十抽二，我的用度还不够呢，怎么能采用十抽一的税制呢？"有若说："百姓如果用度足够，您怎么会不够用？百姓如果用度不足，您怎么会够用呢？"

[智慧]

"彻"，周初的一种税制，按照收入的十分之一缴税。

儒家强调藏富于民。

12.10

[原文]

子张问崇德辨惑。子曰："主忠信，徙义，崇德也。爱之欲其生，恶之欲其死。既欲其生，又欲其死，是惑也。'诚不以富，亦只以异。'"

[释义]

子张问如何提升仁德的水平而远离迷惑。孔子说："做事讲求忠诚与信用，凡事都按照仁义的标准，这就是提升仁德。喜欢一个人，希望他长寿；厌恶一个人，希望他死掉。又要他长寿，又要他死掉，这就是迷惑。'这不是富有，只是让人奇怪'"

[智慧]

"诚不以富，亦只以异"，疑是错简。

远离因为主观臆想而对人有所分别，不被表面的现象所迷惑。

12.11

[智慧]

齐景公问政于孔子。孔子对曰："君君，臣臣，父父，子子。"公曰："善哉！信如君不君，臣不臣，父不父，子不子，虽有粟，吾得而食诸？"

[释义]

齐景公向孔子请教如何理政。孔子回答说："君主要像君主，臣子要像臣子，父亲要像父亲，儿子要像儿子。"齐景公说："太对了！如果君主不像君主，臣子不像臣子，父亲不像父亲，儿子不像儿子，即便有饭，我还吃得下吗？"

[智慧]

这段话属于孔子"礼"的核心思想。

怎么"克己复礼"呢？一方面"非礼勿视、非礼勿听、非礼勿言、非礼勿动"，另一方面"君君，臣臣，父父，子子"。

12.12

[原文]

子曰："片言可以折狱者，其由也与？"子路无宿诺。

[释义]

孔子说："根据一方之词就可以断案的，难道不是只有仲由可以做到吗？"子路答应别人的事情，从不拖延。

[智慧]

官员断案，既要听取原告的诉求，也要听取被告的辩解，综合两方陈述，加上证据才能判断是非曲直。

可是子路耿直，他做官连打官司的人都不会欺骗他，所以只要听取一方的陈述，就可以断案了。这是孔子对子路性格的赞赏。

孔子不赞赏子路的好勇、不谦虚，评价他升堂但未入室，但是这里是孔子对子路性格的赞赏。

孔子评价学生，不搞一刀切，看到不足也看到优点。

12.13

[原文]

子曰："听讼，吾犹人也。必也使无讼乎？"

[释义]

孔子说："审理诉讼案件，我和别人是一样的。如果说有差别，（就是我以仁德教化万民，）而让天下再没有诉讼。"

[智慧]

孔子曾任鲁国的大司寇，就是主管司法刑狱的官员。虽然主管司法，但是孔子仍然主张以仁道教化民众，使人们都遵守礼法，做人都知道礼义廉耻，自然就不会再有讼争之事。

12.14

[原文]

子张问政。子曰:"居之无倦,行之以忠。"

[释义]

子张请教如何为政。孔子说:"在官员的位置上不要倦怠懒政,做事情忠诚于国家和百姓。"

[智慧]

孔子主张做官要勤政,要忠诚于自己的国家。

孔子对他的弟子们出仕做官,是支持鼓励的,但是要求他们:第一要先学习,有了足够的知识才出来做官;第二是把本职工作做好,尽好自己的本分。

12.15

[原文]

子曰:"博学于文,约之以礼,亦可以弗畔矣夫!"

[释义]

孔子说:"广泛地学习各种文献,以礼仪来约束自己,也可以让自己不至于离经叛道。"

[智慧]

这句话在前面出现过,疑错简。

无须过度解释。

12.16

[原文]

子曰:"君子成人之美,不成人之恶。小人反是。"

[释义]

孔子说:"君子成全别人的好事,不促使别人做坏事。小人则相反。"

[智慧]

成人之美,这是美德。

有一种匪夷所思但是屡见不鲜的情况,就是损人不利己。更有甚者,某些人喜欢成人之恶,就是看着别人干坏事甚至放纵、怂恿别人干坏事,再看着别人因此而倒霉或者受惩罚。

有一个健康的心理,真的很重要。

12.17

[原文]

季康子问政于孔子。孔子对曰:"政者,正也。子帅以正,孰敢不正?"

[释义]

季康子请教孔子如何为政。孔子回答说:"政就是正。你率先以正道行事，其他人谁敢不行正道呢？"

[智慧]

"政者，正也。"这有可能是中国先哲对"政"这个字的最佳解释了。

12.18

[原文]

季康子患盗，问于孔子。孔子对曰："苟子之不欲，虽赏之不窃。"

[释义]

季康子苦于盗贼太多，向孔子求教对付的方法。孔子回答说："如果你不是太贪图财物，即便奖励也不会有人去盗窃。"

[智慧]

上行下效。治理一方百姓的官员，自己洁身自爱、廉洁奉公，那么他治下的百姓会奉公守法，不会触碰法律的红线。如果官员本身贪财好色，横征暴敛，治下百姓照着学，这里的民风和政绩也一定一塌糊涂。

12.19

[原文]

季康子问政于孔子曰："如杀无道，以就有道，何如？"孔子对曰："子为政，焉用杀？子欲善而民善矣。君子之德风，小人之德草。草上之风，必偃。"

[释义]

季康子向孔子请教如何为政，说："如果杀掉那些坏人，亲近那些好人，怎么样？"孔子说："您来执政，为什么要杀人呢？您如果真心想要国家行善政，那么百姓就会跟随着做善事。领导的作风像风一样，百姓的作风像草一样，风向哪边刮，草就向哪边倒。"

[智慧]

古代统治者经常把滥杀作为立威的手段。

孔子包括以后的孟子、荀子，都不主张滥杀，而是要以仁政、善政来教化民众。动辄以杀人的方式威慑民众，是儒家非常反对的。

12.20

[原文]

子张问："士何如斯可谓之达矣？"子曰："何哉，尔所谓达者？"子张对曰："在邦必闻，在家必闻。"子曰："是闻也，非达也。夫达也者，质直而好义，察言而观色，虑以下人。在邦必达，在家必达。夫闻也者，色取仁而行违，居之不疑。在邦必闻，在家必闻。"

[释义]

子张问："读书人要如何做才能算通达？"孔子说："你所说的通达是什么样的呢？"子张回答说："在诸侯国任职有名气，在大夫之家任职也有名气。"孔子说："这是名气，不是通达。通达的人，品性正直，通情达理，善于分析别人的言语，能够通过别人的脸色察觉他的内心想法，考虑问题的时候很谦逊。在诸侯国任职很通达，在大夫之家任职也很通达。至于有名气的人，看起来仁德谦和实际行动却不是这样，但是他自己还以仁德自居而从不自疑。在诸侯国任职有名气，在大夫之家任职也有名气。"

[智慧]

通达，是一种从容不迫游刃有余的状态。一个人，不阿谀奉承，也不为非作歹，本着公心勤勉做事，还能把事情做好；可以处理好各种关系，能够通过聪明的手段把好的事情做完而不被坏人所打断或者破坏，更厉害的是还能保持好心情且不疲累。这种状态就是通达。

名气，比通达降了好几个档次了。获取名气的方式有很多，有一些是为公序良俗所鄙弃的，被大众不齿，这样的名气得到了，又有什么价值呢？

12.21

[原文]

樊迟从游于舞雩之下，曰："敢问崇德，修慝，辨惑。"子曰："善哉问！先事后得，非崇德与？攻其恶，无攻人之恶，非修慝与？一朝之忿，忘其身，以及其亲，非惑与？"

[释义]

樊迟陪同孔子在舞雩台下游玩，说："请问：您怎样提高自己的品德，消除别人对自己的积怨，辨别让自己迷惑的事情？"孔子说："问得好！先付出劳动，再收获，这不是提高品德吗？批判自己的过错，但是不要批判别人的过错，这不是消除积怨吗？因为一时的愤怒，就忘了自己，也忘了家人，这不是迷惑吗？"

[智慧]

"一朝之忿"是什么呢？就是冲动。有些事情，就是一时冲动犯下的错误，之后便追悔莫及。在生气之时，能让自己平静下来的人，是能成事的人。

在路上开车的时候，很多人都有一个经验，就是被斜刺里冲出的某一辆车加塞，自己一个急刹车差点碰上，然后呢，最少也要坐在车里骂几句，更有暴脾气的，可能直接冲下车与对方理论或者武斗了。其实，他不是针对你。那个时候那个人只是想插队，不是针对你，谁的车在那个位置他都会插进去的。不是针对你的行为，你为什么要生气呢？

一朝之忿，不可不慎，不可不戒。

12.22

[原文]

樊迟问仁。子曰："爱人。"问知。子曰："知人。"樊迟未达。子曰："举直错诸枉，能使枉者直。"樊迟退，见子夏曰："乡也吾见于夫子而问知，子曰：'举直错诸枉，能使枉者直'，何谓也？"子夏曰："富哉言乎！舜有天下，选于众，举皋陶，不仁者远矣。汤有天下，选于众，举伊尹，不仁者远矣。"

[释义]

樊迟问什么是仁。孔子说："爱人。"又问什么是智。孔子说："了解人。"樊迟没有明白。孔子说："提拔正直的人放在邪恶者之上，那么邪恶者也会变得正直了。"樊迟退出去，看见了子夏，说："刚才我见到了夫子，请教什么是智，夫子说：'提拔正直的人放在邪恶者之上，邪恶者也会变得正直。'这是什么意思？"子夏说："这句话含义太丰富了！舜拥有天下，在众人中选拔出皋陶，那些不仁者都远离朝堂了。汤拥有天下，在众人中选拔出伊尹，那些不仁者都远离朝堂了。"

[智慧]

一只狼领导的一群羊会打败一只羊领导的一群狼。选择一个适合的人带领一个团队，才有战斗力。

12.23

[原文]

子贡问友。子曰："忠告而善道之，不可则止，毋自辱焉。"

[释义]

子贡请教交友之道。孔子说："觉得朋友有过错，就真诚地告诉他并劝导他，如果朋友不肯接受，就停止劝告，不要自取其辱。"

[智慧]

我们经常以为的观点是：真正的好朋友，就要坦诚相待，为对方负责，发现好朋友做错了，就要指出来，就要阻止他继续错下去，甚至要用各种办法把他从迷途中拉回来。

然后呢？我们就会不厌其烦地劝告甚至吵闹，把事情搞得天下皆知，动用一切力量去"挽救"自己的朋友。一番好意，忠诚无比啊，最后却闹得好友翻脸，形同陌路。

但是，大道理你能讲出来，朋友就听不懂吗？出于某原因，一个人不得不做某事，连爹妈都不能讲，再好的朋友也开不了口。

因此，觉得朋友做得不对，讲出来，真诚地劝导，但是一定要把最后的选择权交给当事人本人。我们能够做到的，是真诚和尊重。

12.24

[原文]

曾子曰："君子以文会友，以友辅仁。"

[释义]

曾子说："君子用文章学问来交朋友，再以这样的朋友来帮助自己培养仁德。"

[智慧]

这里也是在阐述交友之道。

子路第十三

13.1

[原文]

子路问政。子曰:"先之,劳之。"请益。曰:"无倦。"

[释义]

子路问如何处理政事。孔子说:"自己先带头认真工作,然后让百姓勤劳工作。"子路请孔子再多讲一些。孔子说:"不要懈怠。"

[智慧]

做一个团队的管理者,率先垂范,以身作则,是团队拥有战斗力的先决条件。

13.2

[原文]

仲弓为季氏宰,问政。子曰:"先有司,赦小过,举贤才。"曰:"焉知贤才而举之?"子曰:"举尔所知。尔所不知,人其舍诸?"

[释义]

仲弓做季氏的家臣，向孔子请教如何处理政事。孔子说："自己先带头认真工作，原谅别人小的过失，提拔有才能的人。"仲弓问："怎么能找到有才能的人并提拔他呢？"孔子说："就你所知道的人，发现有才能的就提拔他。你不知道的有才能的人，别人难道还能埋没他吗？"

[智慧]

孔子主张行动比言语重要。他身体力行，在给弟子们做表率作用。"万世师表"就是赞美孔子的话。

13.3

[原文]

子路曰："卫君待子而为政，子将奚先？"子曰："必也正名乎！"子路曰："有是哉，子之迂也！奚其正？"子曰："野哉，由也！君子于其所不知，盖阙如也。名不正，则言不顺；言不顺，则事不成；事不成，则礼乐不兴；礼乐不兴，则刑罚不中；刑罚不中，则民无所措手足。故君子名之必可言也，言之必可行也。君子于其言，无所苟而已矣。"

[释义]

子路说："卫国国君等着夫子去主持政务，您将先做什么呢？"孔子说："那一定是先正名分了。"子路说："这样做，不是太迂腐了吗？何必纠正名分？"孔子说："仲由啊，你太鲁莽了。君子对于他不懂的事情，就应该保留不说。名分不纠正，言语就不会理顺；言语不理顺，政事就不会做好；政事不能做好，礼乐就不会走上正轨；礼乐没有走上正轨，刑罚就不会得当；刑罚没有得当，百姓就会不知所措。所以君子的名分必须能够说出来，能够说出来就一定能行得通。君子对自己的言语，要做到一丝不苟。"

[智慧]

"阙如"，就是存疑不说的意思。

孔子认为，如果名分不能得到有序确立，那么其他一切治理都无从谈起。

13.4

[原文]

樊迟请学稼。子曰："吾不如老农。"请学为圃。曰："吾不如老圃。"樊迟出，子曰："小人哉，樊须也！上好礼，则民莫敢不敬；上好义，则民莫敢不服；上好信，则民莫敢不用情。夫如是，则四方之民襁负其子而至矣，焉用稼？"

[释义]

樊迟请教农耕。孔子说："我不如老农。"樊迟请教种菜。孔子说："我不如菜农。"樊迟出去，孔子说："樊迟真是小人啊！统治者讲究礼仪，百姓就不敢不尊敬；统治者行事正当，百姓就不敢不服从；统治者讲求诚信，百姓不敢不诚实。如果这样，各地的百姓都会背着孩子投奔而来，怎么还用亲自种地呢？"

[智慧]

樊迟请教怎么种地，孔子觉得他只拘泥于细小的事情，没有远大的志向。孔子主张，他的弟子们通过学习知识，进入仕途，以礼、义、信等方式为百姓做表率，教化民众，治理天下。那么，耕种之事自然有人会去做。

13.5

[原文]

子曰："诵《诗》三百，授之以政，不达；使于四方，不能专对；虽多，亦奚以为？"

[释义]

孔子说："诵读《诗经》三百篇，让他处理政务，不能顺利完成；让他出使外国，不能独当一面。这样的人，即便读书再多，有什么用处呢？"

[智慧]

孔子不主张死读书，不愿意他的弟子成为掉书袋的呆子。他主张学以致用。

有的孩子出现"高分低能"现象：学习很好，但是不具备独立生活能力，身边没有父母照顾，吃饭都成问题。这在走歪路。

如果学的东西用不上，或者没价值，即使有文凭又有何用呢？古时候有个人，花了很多年认真学习一门技术：屠龙术。他学习了大量理论知识，终于学业有成，准备大干一番事业的时候，有人问了他一个问题："你学了这么多年的屠龙术，可是到哪里去找龙呢？"

13.6

[原文]

子曰:"其身正,不令而行;其身不正,虽令不从。"

[释义]

孔子说:"领导者自身的品行端正,即便不下命令,百姓也会走上正道;如果领导者自身的品行不端正,即便下了命令,百姓也不会走上正途。"

[智慧]

以身作则,上行下效,榜样的力量是无穷的。

想让你的团队怎么运转,想让下属如何工作,先做榜样让他们学习。

13.7

[原文]

子曰:"鲁卫之政,兄弟也。"

[释义]

孔子说:"鲁国和卫国从政治来说,是兄弟之国。"

[智慧]

鲁国的第一位君主是周公旦,周文王的第四子;卫国的第一位君主是卫康叔,周文王的第九子。他们的母亲都是太姒。

周朝的礼仪制度基本保留在鲁国，而很多背离礼法的事情都是在卫国发生的。

13.8

[原文]

子谓卫公子荆："善居室。始有，曰：'苟合矣。'少有，曰：'苟完矣。'富有，曰：'苟美矣。'"

[释义]

孔子评价卫公子荆："他非常懂得居家的道理。开始有房子的时候，他说：'已经够用了。'房子稍加装潢后，他说：'已经很完整了。'房子里面摆放了一些家具用品之后，他说：'已经很完美了。'"

[智慧]

卫公子荆，卫国的大臣。从孔子的评价来看，这位大臣懂得"知足常乐"。

人的不幸福感，可能来自贫穷，来自饥饿，等等，但人的贪欲一定是来自不满足。很多时候我们感到不快乐，感到烦躁，妄想一朝成名、一夜暴富，究其原因，就是我们需要的不多，但是想要的太多。

13.9

[原文]

子适卫，冉有仆。子曰："庶矣哉！"冉有曰："既庶矣，又何加焉？"曰："富之。"曰："既富矣，又何加焉？"曰："教之。"

[释义]

孔子到达卫国，冉有为他驾车。孔子说："人好多啊！"冉有说："人口多了，接着怎么做呢？"孔子说："让他们富裕。"冉有说："富裕之后，还能怎么做呢？"孔子说："教育他们。"

[智慧]

庶、富、教，这是孔子对管理百姓步骤的阐释。

要想在一个地方建立儒家政治秩序，前提是先有人口。所以孔子看到卫国的人口众多，感慨这里可以施行儒家的教化。有了人以后，是不是马上进行教育呢，孔子的答案是先让百姓富裕起来，有饭吃、有衣穿，才会有精神层面的需求。在富裕的基础上，如果不进行教育，那么势必会奢侈腐化，好逸恶劳，出现淫邪之风。

13.10

[原文]

子曰："苟有用我者，期月而已可也，三年有成。"

[释义]

孔子说："如果有国家肯任用我，一年可以初具规模，三年就会有显著的成效。"

[智慧]

孔子满腹经纶，胸怀天下，但是无用武之地，没有人真的会把国家交给他们去施行仁政。春秋动荡，君主们需要的是一城一地，一兵一卒，一刀一枪。

这可能是圣贤一时的悲哀，但却是中华文明久远之大幸。孔子这样的人，不必为某一二诸侯国操心，而是拥有独立之精神、自由之思想，将眼光落在百姓教育上、落在子孙万代上。

13.11

[原文]

子曰："'善人为邦百年，亦可以胜残去杀矣。'诚哉是言也！"

[释义]

孔子说："'行善之人治理国家，如果能连续一百年，就可以做到化解残暴，去除杀戮了。'这句话说得很对啊！"

[智慧]

想做成一件大事，有时候需要几代人一以贯之、持之以恒。

战国有一个规律很有意思，就是韩、赵、魏、楚、燕、齐六雄，如果出现了一个贤明君主，那么他的继位者一定昏聩无能。唯一打破这个规律的，是战国第七雄——秦国。从秦孝公到秦始皇，百余年，七位君主，国策一以贯之，所以才有了出函谷关而定鼎中原的功绩。

13.12

[原文]

子曰："如有王者，必世而后仁。"

[释义]

孔子说："如果出现了圣明的君主，也需要三十年才能让仁政施行于天下。"

[智慧]

三十年为一世。

教化天下百姓，需要循序渐进，如前面讲到的"庶、富、教"的过程。在古代，天下大治，那是一个相当有难度的事情：要有贤君，要有贤臣，君主还要长寿。

任何政治事件，都不会是独立存在的；任何政治上的改变，也都不会是一蹴而就的。真正的王者，必须能耐得住寂寞，始终坚持自己的信念和目标，即使忍辱负重，也要一步一步实现自己心中的理想。

13.13

[原文]

子曰："苟正其身矣，于从政乎何有？不能正其身，如正人何？"

[释义]

孔子说："如果能够端正自身的行为，那么理政有什么难的呢？如果不能够端正自身行为，又怎么能够端正别人行为呢？"

[智慧]

还是在讲授以身作则的内容。

通过学业修养，让自己具备仁德的君子之道，然后出仕，就是出来做官员，用君子之道影响更高级别的官员和君王，用君子之道教化百姓，即自觉而觉他，实现天下大同的目的。

13.14

[原文]

冉子退朝。子曰："何晏也？"对曰："有政。"子曰："其事也。如有政，虽不吾以，吾其与闻之。"

[释义]

冉有退朝回来。孔子说："怎么回来这么晚？"冉有回答："有政务。"孔子说："是事务。如果有政务，我虽然不在朝中，但是我会知道的。"

[智慧]

孔子晚年回到鲁国，鲁国很多重要朝政，都会咨询孔子的意见。孔子认为，"政""事"有别：政务是涉及祭祀、战争或者其他根本制度规则的重要事务，而事务只是行政官员日常工作。

13.15

[原文]

定公问："一言而可以兴邦，有诸？"孔子对曰："言不可以若是其几也。人之言曰：'为君难，为臣不易。'如知为君之难也，不几乎一言而兴邦乎？"曰："一言而丧邦，有诸？"孔子对曰："言不可以若是其几也。人之言曰：'予无乐乎为君，唯其言而莫予违也。'如其善而莫之违也，不亦善乎？如不善而莫之违也，不几乎一言而丧邦乎？"

[释义]

鲁定公问:"一句话可以让国家兴盛,有这事吗?"孔子回答:"说话不能这样简单武断,但是有接近的话。有人说:'做君主很难,做臣子也不容易。'如果臣子能够体会到做君主的艰难,(因此可以勤勉认真做事,)这不就是接近一句话让国家兴盛吗?"鲁定公又问:"一句话可以让国家衰亡,有这事吗?"孔子回答:"说话不能这样简单武断,但是有接近的话。有人说:'我觉得做君主也没有什么快乐,只是我说话没有人敢违背(这件事比较快乐)。'如果说的话是对的,没有人违背不也是很好的吗?可是如果说的话不对,也没有人违背,这不就是接近一句话让国家衰亡吗?"

[智慧]

周厉王时期,不准许都城的百姓讨论国家事务,后来发展到不允许大家随意交谈,史称"道路以目",大家在路上见面以眼神来交流,都不敢说话了。周厉王很高兴,以为天下没有人反对他了,但是"防民之口,甚于防川",百姓不说话就是没有怨言吗,不交谈就不会反对他的暴政吗,很快爆发了国人暴动,周朝的国运就此衰落。

治国是一件很复杂的系统工程,不可能一句话就可以兴邦、一句话就可以丧邦。但是,钳制口舌,不让臣子和百姓说话,无论君主说什么话下面都是一片叫好声,国家怎么能不衰落呢?

13.16

[原文]

叶公问政。子曰:"近者说,远者来。"

[释义]

叶公问如何为政。孔子说:"使境内的人高兴,使境外的人前来投奔。"

[智慧]

只要政治清明,百姓自然会安居,远处之人自然会来投奔。这就是孔子的仁政思想。

孔子曾说"苛政猛于虎"。比自然灾害更可怕的,是官员的压榨虐民。

13.17

[原文]

子夏为莒父宰。问政。子曰:"无欲速,无见小利。欲速,则不达;见小利,则大事不成。"

[释义]

子夏做了莒父这个地方的长官。向孔子请教如何为政。孔子说:"不要想着(施政)很快可以见效,不要只看小利益。想要快速见效,反而达不到目的;只看小利益,反而办不成大事。"

[智慧]

孔子再次强调施行仁政要循序渐进。凡事太着急,结果往往南辕北辙。

一名地方行政长官,总是盯着那些蝇头小利,那么下级官员或者有所企图者,会投其所好,用小利去诱惑之,然后就会获取不正当的利益，这样就不可能秉公执法，官场风气变得糟糕，民风也不会淳朴，一方水土就毁在那些蝇头小利了。

13.18

[原文]

叶公语孔子曰："吾党有直躬者，其父攘羊，而子证之。"孔子曰："吾党之直者异于是：父为子隐，子为父隐，直在其中矣。"

[释义]

叶公对孔子说："我们乡里有个很正直且坦率的人，他的父亲偷了羊，他去做证。"孔子说："我们乡里正直人的标准和你们乡里不一样：父亲替儿子隐瞒，儿子替父亲隐瞒。正直就在这里面了。"

[智慧]

这里是孔子讲述法律和亲情的关系。儒家以孝亲为基础，人伦大义不可废。父亲可以教育儿子，儿子可以劝导父亲，但是父子之间的亲情是一切礼法的基础，失去了这个基础，一切宗族礼法都无法存在，所以父子之间的关系不能以法律来约束。

孔子所处的时代，是人治的时代，不能以现代社会的法治观念来评价。

13.19

[原文]

樊迟问仁。子曰："居处恭，执事敬，与人忠。虽之夷狄，不可弃也。"

[释义]

樊迟问什么是仁德。孔子说:"平时态度端正庄重,做事情勤勉认真,与人交往忠诚有信。即便到了很偏远的地方,也不要放弃这几种德行。"

[智慧]

颜渊、仲弓、司马牛、颜渊都问过仁,孔子回答各有不同。此处对樊迟的解释,也反映了孔子因材施教的教育理念。

13.20

[原文]

子贡问曰:"何如斯可谓之士矣?"子曰:"行己有耻,使于四方,不辱君命,可谓士矣。"曰:"敢问其次。"曰:"宗族称孝焉,乡党称弟焉。"曰:"敢问其次。"曰:"言必信,行必果,硁硁然小人哉!抑亦可以为次矣。"曰:"今之从政者何如?"子曰:"噫!斗筲之人,何足算也?"

[释义]

子贡问:"怎样做才可以称作'士'呢?"孔子说:"恪守廉洁懂得羞耻,出使他国,不会辱没自己国君的使命,可以称作士了。"子贡问:"请问次一等的士。"孔子说:"宗族称赞他孝敬父母,乡里称赞他友爱兄弟。"子贡问:"请问再次一等的士。"孔子说:"说了就要做到,行为一定有结果,不管做的事情对错但是一定会实现自己的诺言,这样的人也可以算再次一等的了。"子贡问:"那么如今的执政者怎么样呢?"孔子说:"唉!这帮没有见识的人,又算得了什么呢?"

[智慧]

"士"原本指微末小吏,后来引申为读书人,地位处于大夫和庶民之间,兼有读书人和行政官吏两重身份。

士亦分等。

13.21

[原文]

子曰:"不得中行而与之,必也狂狷乎?狂者进取,狷者有所不为也。"

[释义]

孔子说:"如果找不到符合中庸之道的人一起交往,那么就找到志向高远或者洁身自好的人交朋友。志存高远的人会积极进取,洁身自好的人有些事情不会去做。"

[智慧]

每一个人对自己的朋友都应该有最起码的筛选,有些人一定要远离。

13.22

[原文]

子曰:"南人有言曰:'人而无恒,不可以作巫医。'善夫!不恒其德，或承之羞。"子曰："不占而已矣。"

[释义]

孔子说："南方人有一句话说：'人没有恒心，不可以做巫医。'这话说得好啊！《易经》说：做事情不能持之以恒，没有最起码的操守，一定会招致羞辱的。"孔子说："（没有恒心的人）就不要占卜了。"

[智慧]

孔子讲做事要有恒心。后来孟子进一步说"有恒产者有恒心，无恒产者无恒心"，就是百姓要有起码的生产生活工具，有必要的财产和土地，然后他们为了保护自己的财产也会忠诚于国家，做事有始有终，持之以恒。

13.23

[原文]

子曰："君子和而不同，小人同而不和。"

[释义]

孔子说："君子善于调和不同意见，但是不会盲目跟从；小人只会盲目跟从，却不会调和不同意见。"

[智慧]

"和"不是和稀泥，四面讨好，做老好人的意思，而是能够将各种不同的意见有机地调和在一起，让不同的人各自有适合的位置。古代宰相辅助君王协理阴阳，就是要让各行各业有才干的人都能被朝廷所启用，让每个官员都能各司其职。把所有人都放在合适的位置发挥最大的能力，这样的宰相就是好宰相。

"同"，不仅仅是盲目跟从，还有强求保持一致的意思。最典型的例子就是"指鹿为马"了，赵高根本不在意那个动物到底是鹿还是马，他只在乎其他大臣是否无条件盲目跟他保持一致：凡是一致的，就是同党；不一致的，就是心怀异心，必须除之而后快。

翻检史书，"和"者未必真君子，"同"者必为真小人。

13.24

[原文]

子贡问曰："乡人皆好之，何如？"子曰："未可也。""乡人皆恶之，何如？"子曰："未可也。不如乡人之善者好之，其不善者恶之。"

[释义]

子贡问："乡里人都喜欢的人，怎么样呢？"孔子说："不见得好。"又问："乡里人都讨厌的人，怎么样呢？"孔子说："不见得坏。不如乡里的好人都喜欢他，坏人都讨厌他。"

[智慧]

大家都说好，不一定真的好；大家都说不好，不一定真的不好。人会伪装。

"周公恐惧流言日，王莽谦恭下士时。向使当初身便死，一生真伪复谁知。"大奸似忠，大伪似真。

13.25

[原文]

子曰："君子易事而难说也。说之不以道，不说也；及其使人也，器之。小人难事而易说也。说之虽不以道，说也；及其使人也，求备焉。"

[释义]

孔子说："君子很容易共事，却很难让他喜悦。用不正当的方式讨他喜悦，他不会高兴；等到他安排工作的时候，会根据每个人的才能和德行去分配任务。小人很难共事，却很容易让他喜悦。用不正当的方式讨他喜悦，他会很高兴；等到他安排工作的时候，他会百般挑剔，求全责备。"

[智慧]

孔子真是把人性看透了，也说透了。

13.26

[原文]

子曰："君子泰而不骄，小人骄而不泰。"

[释义]

孔子说："君子安详舒泰却不会傲气凌人，小人傲气凌人却不会安详舒泰。"

[智慧]

真正心灵自由的人，不会想着欺负压制别人，也不会被别人欺负压制，他只是正常展现他自己的状态而已。那种坦诚和自信是内心的独立和自由赋予的，不是权力和金钱能够提升的。

13.27

[原文]

子曰："刚、毅、木、讷，近仁。"

[释义]

孔子说："刚毅、果决、朴实、口拙，这样的人近乎仁德了。"

[智慧]

孔子好像总是在告诫弟子们：少说没用的话，不要夸夸其谈，说出的话要做得到。

修炼自己的内心，先管住自己的嘴巴。

13.28

[原文]

子路问曰："何如斯可谓之士矣？"子曰："切切偲偲，怡怡如也，可谓士矣。朋友切切偲偲，兄弟怡怡。"

[释义]

子路问："什么样的人可以称作'士'呢？"孔子说："互相切磋勉

励，和睦相处，就可以称作'士'了。朋友之间切磋勉励，兄弟之间和睦相处。"

[智慧]

前面子贡问过什么样的人可以称作"士"。在这里，孔子针对子路的特点而予以回答。

13.29

[原文]

子曰："善人教民七年，亦可以即戎矣。"

[释义]

孔子说："行善之人教导百姓七年，百姓就可以作战了。"

[智慧]

国之大事，在祀与戎。让百姓自愿拿起武器保卫家国，前提是以善政、善行教化百姓。

但是政绩这种事情，要从长远看。

商鞅变法图强，以强有力的军规管理百姓，以敌人的人头换取功名，以严苛的法令禁止百姓犯错误，用强力而不是教化的方式富国强兵。但是，秦朝统一了十四年就迅速土崩瓦解，百姓几乎没有和朝廷一条心的。

再看宋朝，一直坚持皇帝集权，以文压武，不断打压武将，但是宋朝百姓一直坚定地和皇帝站在一起，看似柔柔弱弱的样子，面对强悍的他国，延续了数百年。

13.30

[原文]

子曰："以不教民战，是谓弃之。"

[释义]

孔子说："让没有受到过训练的百姓去作战，就等于是抛弃了他们。"

[智慧]

前面讲"善人教民七年"，这七年要给他们讲忠信之道，更要给他们训练战斗的技巧。不经过培训，百姓上战场，生死全凭运气，这难道不就是君主抛弃了这些百姓吗？

职场也一样。遇到紧急情况，新人茫然无知，毫无准备，也无培训，就被推上前，美其名曰"锻炼"。真正对自己下属前途负责的管理者，会这样去锻炼下属吗？其实，这也是一种抛弃，抛弃了事业的责任心，抛弃了对新人的同理心。

宪问第十四

14.1

[原文]

宪问耻。子曰："邦有道，谷；邦无道，谷，耻也。""克、伐、怨、欲不行焉，可以为仁矣？"子曰："可以为难矣，仁则吾不知也。"

[释义]

原宪问什么是耻辱。孔子说："国家政治清明，当官的领俸禄；国家政治昏暗，当官的还领俸禄，就是耻辱了。"又问："好胜、自夸、怨恨、贪心，这些都不曾表现过，可以说是仁德的人吗？"孔子说："做到这些可以说是难能可贵了，但能否算仁德，我还不能确定。"

[智慧]

原宪，孔子的弟子，曾经在孔子任鲁国大夫时做孔子的家臣，也是一位安贫乐道的贤人。

只是没有表现出好胜等四种不仁德的行为，并不能表明就是一位仁德之人。这就好比盗窃肯定是不好的行为，但是没有被别人发现盗窃行为的人，也不见得一定是善人。

孔子更注重弟子们通过自我修为可以展现出仁德的表现，而不仅仅是不犯错。

14.2

[原文]

子曰："士而怀居，不足以为士矣。"

[释义]

孔子说："读书人留恋安逸的生活，就不配做读书人了。"

[智慧]

孔子主张学习知识和文献，但这是出仕的基础和途径，不是目的。读书人如果安于现状，耽于享乐，就会不思进取，那么学识修养反而会成为点缀甚至负担。

读书人，一定要想明白为什么读书。

14.3

[原文]

子曰："邦有道，危言危行；邦无道，危行言孙。"

[释义]

孔子说："国家政治清明，无论说话还是做事都要行正道；国家政治昏暗，做事要行正道，讲话要谦逊委婉。"

[智慧]

一言九鼎的人，如果开明务实，就能够听得进有价值的劝告，并且一心为公，不计小嫌；这个说了算的人，如果小肚鸡肠，挟私报复，那么对他的劝告和劝谏，就成了找死的上吊绳，这个时候还本着愚忠冒死进谏，就很不智慧了。因此，孔子建议，自己做事走正道就可以了，说话要谨慎。

不说话或者少说话，是一种大智慧。

14.4

[原文]

子曰："有德者必有言，有言者不必有德。仁者必有勇，勇者不必有仁。"

[释义]

孔子说："有德行的人一定讲道理，会讲道理的人不一定有德行；仁德之人一定勇敢，勇敢之人不一定有仁德。"

[智慧]

君子本身的内省功夫让君子从内而外都具有仁德的本性和外在的表征，他说的那些符合仁德标准的话就是他真实的感受；而能说出这样话的人，不一定真正具有仁德，也可能大奸似忠、大伪似真，以言语欺人罢了。

仁德之人对真理信念坚持，从内而外的那种勇气，是用心的；而冲动莽撞，或色厉内荏，并非仁德之人的那种勇气。

14.5

[原文]

南宫适问于孔子曰："羿善射，奡荡舟，俱不得其死然。禹、稷躬稼而有天下。"夫子不答。南宫适出，子曰："君子哉若人！尚德哉若人！"

[释义]

南宫适问孔子："羿善于射箭，奡善于水战，但是他们都没有得到善终。禹、稷亲自下田耕种，他们得到了天下。"夫子没有答复。南宫适出去了，孔子说："这个人是一位君子！这个人崇尚仁德啊！"

[智慧]

南宫适，即南容，孔子的弟子。

孔子对南宫适的看法很欣赏，称赞他是君子。这里除了孔子认为乱臣不得善终以外，还有就是周朝所确立的农业社会体系中，躬耕稼穑是帝王最重要的表率，让天下人都重视农业，安心务农，而不是以武力强取豪夺。

14.6

[原文]

子曰："君子而不仁者有矣夫，未有小人而仁者也。"

[释义]

孔子说："君子之中做事情不符合仁德标准的肯定有，但是小人之中做事情符合仁德标准的却没有。"

[智慧]

这句话可以简单地理解为"君子之中有小人，小人之中不会有君子"。

14.7

[原文]

子曰："爱之，能勿劳乎？忠焉，能勿诲乎？"

[释义]

孔子说："爱护一个人，能不以勤劳相劝勉吗？忠于他，能不给他劝告吗？"

[智慧]

孔子讲如何真心地教导爱护一个人成长。

对孩子伤害比较大的一句话是"别人家的孩子……"，同理，对父母伤害比较大的一句话是"别人家的爸爸妈妈……"。爱有很多种，父母的爱，除了生养和呵护，还有责任和承担。孩子长大以后，能够明白孩童时代父母的苦心，能够回馈父母以孝顺和关爱，那是父母的造化，如其不然，父母也是尽职尽责无愧于心了。能够不计较回报地投入，只有自己的父母能做得到。所以，不要和自己的父母讲"别人家的爸爸妈妈……"。

对待自己的子女、学生和自己所真心爱护的人，才会让他（她）接受训练、经历磨难，而且早比晚好。

14.8

[原文]

子曰："为命，裨谌草创之，世叔讨论之，行人子羽修饰之，东里子产润色之。"

[释义]

孔子说："郑国要发布外交辞令的时候，裨谌起草，世叔提出意见，外交官子羽修改调整，东里的子产润色完稿。"

[智慧]

裨谌、世叔、子羽、子产，都是郑国的大夫。

东里，地名，子产的故乡。

君子为政，需通力合作。

14.9

[原文]

或问子产。子曰："惠人也。"问子西。曰："彼哉！彼哉！"问管仲。曰："人也。夺伯氏骈邑三百，饭疏食，没齿无怨言。"

[释义]

有人问子产怎么样。孔子说："能够让百姓得到实惠的人。"又问子西怎么样。孔子说："他就是那个样子！他就是那个样子！"又问管仲怎么样。孔子说："能人。他夺了伯氏的三百户骈邑，让伯氏只能吃粗粮，但是伯氏一直到死，都没有说过抱怨管仲的话。"

[智慧]

子产，郑国贤臣，主持朝政多年，使得郑国国富民强。

子西，子产的同宗兄弟，在子产之前执政。他的政绩，孔子说"彼哉！彼哉"，不是很赞赏。

孔子对管仲的评价是功过分明。

14.10

[原文]

子曰："贫而无怨难，富而无骄易。"

[释义]

孔子说："贫穷但是不抱怨很难，富有但是不骄纵容易。"

[智慧]

风度，对大多数人来说，是建立在不饿的基础上的。像颜回那样能够安贫乐道的，毕竟是极少数人。

贫穷，饭都吃不上，总饿着肚子，想不怨天尤人，太难了；人有了钱，有了地位，想要保持风度了，容易。因此，孔子倡导"庶、富、教"之先后顺序。

14.11

[原文]

子曰："孟公绰为赵、魏老则优，不可以为滕、薛大夫。"

[释义]

孔子说："孟公绰做晋国大夫赵、魏家臣是很出色的，但是他做不了滕国、薛国的大夫。"

[智慧]

孟公绰，鲁国大夫。

孔子时代，三家尚未分晋，所以赵、魏还是晋国的大夫而不是诸侯国。

14.12

[原文]

子路问成人。子曰："若臧武仲之知，公绰之不欲，卞庄子之勇，冉求之艺，文之以礼乐，亦可以为成人矣。"曰："今之成人者何必然？见利思义，见危授命，久要不忘平生之言，亦可以为成人矣。"

[释义]

子路问怎么成为一个理想的人。孔子说："像臧武仲那样有智慧，像孟公绰那样淡泊无欲，有卞庄子那样勇敢，有冉求那样才艺，用礼乐来加以修饰，也可以算一个理想的人了。"又说："现在所谓符合理想的人何必要这样呢？看见利益能从道义上想一想该不该得到，见到危险也愿意接受使命（去消除危险），虽然贫穷很久但是不忘记自己的诺言，这样也可以算是理想的人了。"

[智慧]

孔子说了理想之人三个通行标准：看到好处，能不能想想该不该得？团队处于危难的时候，愿不愿、敢不敢担起责任？答应别人的事情，能不能尽力做到？

14.13

[原文]

子问公叔文子于公明贾，曰："信乎，夫子不言，不笑，不取乎？"公明贾对曰："以告者过也。夫子时然后言，人不厌其言；乐然后笑，人不厌其笑；义然后取，人不厌其取。"子曰："其然？岂其然乎？"

[释义]

孔子向公明贾询问公叔文子的情况，说："这是真的吗？听说公叔先生平时不爱说话，不喜欢笑，不收取财物。"公明贾回答说："这是传话的人夸张了。公叔先生在应该说话的时候才说话，所以别人不讨厌他说话；在真正高兴的时候才笑，所以别人不讨厌他的笑；是他应得的财物他才收取，所以别人不讨厌他收取财物。"孔子说："真的吗？真的是这样吗？"

[智慧]

公叔文子，即公孙拔，卫国大夫，贤臣。

公明贾对于公叔文子的评价太高了，以至于孔子都不敢全信了。但是，一个人能够掌握说话、欢笑、收取财物的合适时间，这确实是一个很重要的处世技能。

一件事情是否正确不是最重要的，是否在合适的时间做才是最重要的。

14.14

[原文]

子曰:"臧武仲以防求为后于鲁,虽曰不要君,吾不信也。"

[释义]

孔子说:"臧武仲以防这个封邑要求鲁国国君答应他册立后代,即使他自己说不是在要挟国君,我也不相信。"

[智慧]

臧武仲,鲁国大夫,后来逃到了齐国。"防"是臧武仲在鲁国的封邑。

听其言,更要观其行,才能真正识人。

14.15

[原文]

子曰:"晋文公谲而不正,齐桓公正而不谲。"

[释义]

孔子说:"晋文公狡诈而不以正道治国,齐桓公以正道治国而不狡诈。"

[智慧]

晋文公,善用权谋诡诈狡辩之术,老来得国,非常依赖他流浪时期的功臣集团。最终三家分晋。

齐桓公治国以正道，实际上是管仲治国以正道。

14.16

[原文]

子路曰："桓公杀公子纠，召忽死之，管仲不死。"曰："未仁乎？"子曰："桓公九合诸侯，不以兵车，管仲之力也。如其仁，如其仁。"

[释义]

子路说："齐桓公杀了公子纠，召忽为此而死，但是管仲没有死。"说："管仲不能算仁德吧。"孔子说："齐桓公多次集合诸侯会盟，没有使用武力（使得天下和平），都是管仲的功劳。这就是他的仁德，这就是他的仁德。"

[智慧]

公子纠死了，召忽尽忠臣本分自杀了，可是管仲却没有自杀，反而在鲍叔牙的大力推荐下，接受齐桓公拜相，从而开启了齐国几十年的称霸之路。

召忽是仁义的忠臣。管仲呢？子路觉得不能算仁德。可是孔子看到了管仲为齐国甚至为当时的中原华夏正统所做出的贡献，这比起一死以谢一君王的小仁来说，是更大的仁德。

14.17

[原文]

子贡曰："管仲非仁者与？桓公杀公子纠，不能死，又相之。"子曰："管仲相桓公，霸诸侯，一匡天下，民到于今受其赐。微管仲，吾其被发左衽矣。岂若匹夫匹妇之为谅也，自经于沟渎而莫之知也？"

[释义]

子贡说："管仲不够仁德吧？齐桓公杀了公子纠，管仲不能以死尽忠，而且还给齐桓公做了宰相。"孔子说："管仲给齐桓公做宰相，称霸于诸侯，使得天下正统得到匡正，百姓到了今天还在承蒙他的恩惠。如果没有管仲，我们都已经是穿着左边开襟衣服的夷狄人了。难道他应该像信守小信用、讲求小仁义的普通百姓一样，在山沟里自杀，死了也没有人知道吗？"

[智慧]

子贡也不赞同管仲有仁德。孔子此处的观点与回答子路的一样，认为管仲是舍小义而有大仁德。

14.18

[原文]

公叔文子之臣大夫僎，与文子同升诸公。子闻之曰："可以为'文'矣。"

[释义]

公叔文子的家臣大夫僎，因为公叔文子的推荐，而与他一起升任朝廷的大夫。孔子听到了说："公叔文子可以得到谥号'文'了。"

[智慧]

春秋时期，诸侯国各自为政。能够举贤，让自己的家臣与自己同列朝堂，这是需要勇气和胸怀的。

14.19

[原文]

子言卫灵公之无道也，康子曰："夫如是，奚而不丧？"孔子曰："仲叔圉治宾客，祝鮀治宗庙，王孙贾治军旅。夫如是，奚其丧？"

[释义]

孔子谈到卫灵公各种昏聩行为，季康子说："既然如此，卫国怎么没有灭亡呢？"孔子说："仲叔圉负责外交，祝鮀掌管祭祀，王孙贾统领军队。既然如此，怎么会灭亡呢？"

[智慧]

卫灵公是昏君，但是尚有贤臣，所以还不至于亡国。

14.20

[原文]

子曰："其言之不怍，则为之也难。"

[释义]

孔子说："一个人如果说大话却不觉得惭愧，那么他履行诺言一定很难。"

[智慧]

大言不惭，轻易许诺，往往这样的人根本就没有打算实现他的承诺。

14.21

[原文]

陈成子弑简公。孔子沐浴而朝，告于哀公曰："陈恒弑其君，请讨之。"公曰："告夫三子！"孔子曰："以吾从大夫之后，不敢不告也。君曰'告夫三子'者！"之三子告，不可。孔子曰："以吾从大夫之后，不敢不告也。"

[释义]

陈成子杀了齐简公。孔子沐浴斋戒上朝，对鲁哀公说："陈恒杀了他的君主，请您派兵讨伐他。"鲁哀公说："请你告诉那三位吧。"孔子说："因为我曾经担任大夫，所以不敢不来报告国君。国君告诉我'告诉那三位吧'！"孔子又去告知三桓，三桓也不肯发兵讨伐陈恒。孔子说："因为我曾经担任大夫，所以不敢不来报告。"

[智慧]

陈成子，即陈恒，齐国大夫。他还有一个名字，叫田常。田氏在齐国是大族，此次弑君后继续把持朝政，最终成为齐国新国君，国号虽然未改变，但是已经从周初的姜齐变成战国的田齐了。

依周礼，孔子主张讨伐邻国弑君之臣，但是鲁国君臣都不愿意插手齐国事务。不过孔子也说了，他曾经位列大夫，所以这样的事情一定要报告，鲁国君臣管不管那是另一回事。

14.22

[原文]

子路问事君。子曰："勿欺也，而犯之。"

[释义]

子路请教如何侍奉国君。孔子说："不要欺骗他，（国君有错）要犯颜直谏。"

[智慧]

孔子主张待人以忠，就是对人真诚，对待国君更是如此，不要谄媚阿谀，而应该本着公心表达自己的想法。

14.23

[原文]

子曰："君子上达，小人下达。"

[释义]

孔子说："君子不断进取，追求仁德；小人自甘堕落，追求利益。"

[智慧]

"上达"，走正道；"下达"，走歪路。

14.24

[原文]

子曰:"古之学者为己,今之学者为人。"

[释义]

孔子说:"古代的学者学习是为了提升自己的学识和修养,现在的学者学习是为了修饰自己而向别人炫耀。"

[智慧]

春秋时期,已经有人学习是为了炫耀,而不是真的为了追求学识修养。

14.25

[原文]

蘧伯玉使人于孔子。孔子与之坐而问焉,曰:"夫子何为?"对曰:"夫子欲寡其过而未能也。"使者出。子曰:"使乎!使乎!"

[释义]

蘧伯玉派人去拜访孔子。孔子请他坐并且问他:"先生在做什么呢?"使者说:"先生想要减少他的过错但是还没有做到。"使者出去了。孔子说:"好一位使者!好一位使者!"

[智慧]

蘧伯玉,卫国大夫,贤臣。孔子尊重和推崇他。

"寡其过"，即在行君子之事了。

14.26

[原文]

子曰："不在其位，不谋其政。"曾子曰："君子思不出其位。"

[释义]

孔子说："不在这个职位上，就不要考虑这个职位应该负责的事务。"曾子说："君子思考问题以自己的职责为限。"

[智慧]

前面有重文。

不越权，即君子所为。

14.27

[原文]

子曰："君子耻其言而过其行。"

[释义]

孔子说："君子觉得说得多、做得少，是一件羞耻的事情。"

[智慧]

君子少说废话而多做实事。

14.28

[原文]

子曰："君子道者三，我无能焉：仁者不忧，知者不惑，勇者不惧。"子贡曰："夫子自道也。"

[释义]

孔子说："君子得道有三种境界，我还做不到：仁德的人不会忧愁，有智慧的人不会疑惑，勇敢的人不会恐惧。"子贡说："这是夫子对自己的描述啊。"

[智慧]

前面有重文。

阐述君子之道。

14.29

[原文]

子贡方人。子曰："赐也贤乎哉？夫我则不暇。"

[释义]

子贡讥讽别人。孔子说："端木赐啊，你很贤良吗？我就没有时间做这种事情。"

[智慧]

孔子认为自己都没有资格去讥讽别人。他告诫弟子：你自己足够好吗？如果不是，那么有什么资格讥讽别人呢？有这个时间还不如提升一下自己。

14.30

[原文]

子曰："不患人之不己知，患其不能也。"

[释义]

孔子说："不担心别人不了解自己，只是担心自己没有能力。"

[智慧]

抱怨别人不了解自己，不理解自己，不能对自己报以宽容、同情，为什么不能给自己新的机会证明自己……这些不解和愤怒经常会困扰我们。

孔子告诉我们，不要抱怨别人，提升自己是唯一的途径，一个人足够强大了，能力足够强了，别人自然会努力了解、理解甚至是迎合你。

让自己变得有价值，变得更重要，才能立于不败之地。

14.31

[原文]

子曰："不逆诈，不亿不信，抑亦先觉者，是贤乎！"

[释义]

孔子说："不怀疑别人欺诈，不猜测别人失信，但是能预先察觉这些状况，这样的人很杰出啊！"

[智慧]

对待别人宽容一些、阳光一些，不要总觉得别人针对自己，不要总是能从细枝末节或者别人的言谈举止中找到别人对自己的不满甚至加害，不要没事儿乱琢磨。可是一旦危险临近了，真的有人要加害自己了，可以敏锐地感觉到，并且做出相应的措施来保护自己，有事儿不忙乱。

"贤"，做人敏锐但不敏感。

孔子主张的正向人生，都是很阳光、很聪明、很潇洒，照着去做一点儿都不累，还会觉得很幸福、很圆满。这里的贤也是这样。

14.32

[原文]

微生亩谓孔子曰："丘何为是栖栖者与？无乃为佞乎？"孔子曰："非敢为佞也，疾固也。"

[释义]

微生亩对孔子说："你为什么总是这样忙碌不安呢？不是为了显示你的口才出众吧？"孔子说："我不是为了显示口才，我是看不得有些人顽固不化。"

[智慧]

微生亩，复姓微生，名亩。微生亩直呼孔子的名字，估计是很熟悉的朋友或者长辈。

孔子说过他不主动去教育别人，他的道理都是在弟子们发问的情况下作答。即便如此，也还有人觉得孔子在显摆口才，蛊惑弟子，煽动国君。所以孔子的回复是：不是为了以口才来炫耀，而是为了让那些不明白人生之道的人能够得到启迪。

14.33

[原文]

子曰："骥不称其力，称其德也。"

[释义]

孔子说："大家不是称赞千里马的脚力，而是称赞它的品德。"

[智慧]

孔子特别重视品德修养。

一个人德才兼备，肯定是社稷之福；有德无才，最多就是尸位素餐，国家花钱养个闲人而已；可是有才无德，那就贻害无穷了。

14.34

[原文]

或曰："以德报怨，何如？"子曰："何以报德？以直报怨，以德报德。"

[释义]

有人说："以恩惠来报答怨恨，怎么样呢？"孔子说："那么如何报答恩惠呢？以正直报答怨恨，以恩惠报答恩惠。"

[智慧]

别人善待我们，我们必以善心回馈。但是，倘若别人恶意加害，我们为什么不可以反击呢？至少无需忍气吞声无底线地容忍。

我认为，儒者，不是弱者，而是有骨气的人。一个民族，一个国家，更要有永不妥协的硬骨头。

14.35

[原文]

子曰："莫我知也夫！"子贡曰："何为其莫知子也？"子曰："不怨天，不尤人，下学而上达。知我者其天乎！"

[释义]

孔子说："没有人了解我啊！"子贡说："为什么没有人了解您呢？"孔子说："我不埋怨天，不抱怨人；广泛地学习知识然后去领悟高深的道。能够理解我的，就只有天了！"

[智慧]

不怨天尤人，这是儒家自修的思想，就是"求诸己"：遇到困难，遇到别人不理解自己，先想想自己有没有问题，然后找到解决问题的办法。

14.36

[原文]

公伯寮愬子路于季孙。子服景伯以告，曰："夫子固有惑志于公伯寮，吾力犹能肆诸市朝。"子曰："道之将行也与，命也；道之将废也与，命也。公伯寮其如命何！"

[释义]

公伯寮在季孙面前毁谤子路。子服景伯告诉了孔子，说："季孙有可能已经被公伯寮蛊惑了，但是我仍然有能力对付他，让公伯寮的尸首悬挂在街头示众。"孔子说："我主张的道如果能够实现，那是命运使然；我主张的道如果不能实现，也是命运使然。公伯寮能够左右命运吗？"

[智慧]

公伯寮，复姓公伯，名寮。

季孙，鲁国三桓之一。

子服景伯，即子服何，鲁国大夫。

桓魋围攻孔子的时候，孔子说"天生德于予，桓魋其如予何"。孔子不相信他的道可以轻易被几个宵小之辈就给毁掉，但是他担心天下的人不能理解他的仁德之道。

14.37

[原文]

子曰："贤者辟世，其次辟地，其次辟色，其次辟言。"子曰："作者七人矣。"

[释义]

孔子说："有贤德的人懂得避开污浊的天下，次一等可以避开混乱的地方，再次一等的可以避开别人不好的脸色，再次一等的可以避开别人无礼的言语。"孔子说："能做到这些的已经有七个人了。"

[智慧]

孔子说的哪七位贤人呢？或许就是指伯夷、叔齐、虞仲、夷逸、朱张、柳下惠、少连。

14.38

[原文]

子路宿于石门。晨门曰："奚自？"子路曰："自孔氏。"曰："是知其不可而为之者与？"

[释义]

子路在石门住宿。早晨门人问："从哪里来？"子路说："从孔家来。"门人说："是那位明知做不到还要去做的人吗？"

[智慧]

"知其不可为而为之"，只有儒者吗？想一想，儒家、道家、佛家、墨家，还有人类历史上很多光辉的思想学派，莫不如此啊。

思想家的悲哀，就是他想明白了，但是周围的人都不相信他。

14.39

[原文]

子击磬于卫，有荷蒉而过孔氏之门者，曰："有心哉，击磬乎！"

既而曰："鄙哉，硁硁乎！莫己知也，斯己而已矣。深则厉，浅则揭。"
子曰："果哉！末之难矣。"

[释义]

孔子在卫国，某天正在敲打磬，有一个挑着草筐的人从门前经过，说："磬声里面含有深意啊！"过了一会儿，说："可惜了，敲击的声音太执着了！没有人懂得自己，那就这样吧。水太深，干脆就让衣裳一起湿了吧，水要是浅一些，就提着衣裳走过去。"孔子说："好坚决啊！没有什么能难住他的了。"

[智慧]

"深则厉，浅则揭"，语出《诗经·邶风·匏有苦叶》，用水的深浅来比喻政治的黑暗和清明。

如果政治太黑暗，那么生活在其中的人是无论如何不能逃脱的，干脆就浸淫其中，就好像水很深，过河的时候没有办法不弄湿衣裳；反之，政治清明，人可以保持人格不被环境所污染，就像过河的时候可以提起衣襟，不至于让衣裳浸湿。

14.40

[原文]

子张曰："《书》云：'高宗谅阴，三年不言。'何谓也？"子曰："何必高宗，古之人皆然。君薨，百官总己以听于冢宰三年。"

[释义]

子张说："《尚书》记载：'殷高宗守孝，住在凶庐，三年不说话。'这是什么意思呢?"孔子说:"不只是殷高宗,古时候的人都是这样的。国君死了,新君三年不问政事,所有的官员都听命于宰相。"

[智慧]

高宗,即武丁,商代君主。

古代孝子守孝,三年为期,就住在父母坟墓旁的小屋子里,不喝酒不吃荤,不近女色,以感受失去父母的痛苦。

纵观历史,后来的皇帝们受不了,找各种理论典籍做根据,提出天子可以缩短守孝期,一个月当作一年,变成了三个月,后来又缩短到了二十七天。可就是这二十七天,很多新皇帝也做不到。直到南宋孝宗开始,坚持给宋高宗守孝三年,一定按照古礼,这种古老的守孝制度才重现庙堂。

14.41

[原文]

子曰:"上好礼,则民易使也。"

[释义]

孔子说:"居上位者如果依礼行事,那么百姓就容易接受指挥了。"

[智慧]

还是上行下效、率先垂范的意思。

14.42

[原文]

子路问君子。子曰:"修己以敬。"曰:"如斯而已乎?"曰:"修己以安人。"曰:"如斯而已乎?"曰:"修己以安百姓。修己以安百姓,尧、舜其犹病诸?"

[释义]

子路问怎样才是君子。孔子说:"自我修养,认真地对待一切。"子路说:"这样就可以了吗?"孔子说:"自我修养,然后可以安定别人。"子路说:"这样就可以了吗?"孔子说:"自我修养,然后使天下百姓都富足安乐。能够修养自己让百姓富足安乐,尧、舜也没办法做到啊!"

[智慧]

君子进阶之路:先修养自己,再安抚百官,最后安抚天下百姓。一切都要落实在让百姓安居乐业这个终极目标上。

一个儒者,如果学习很好,个人修养很好,但是不能为社会做贡献,不能造福一方百姓,那么还是够不上君子。所以儒家有"三立"之宗旨,即"立德、立功、立言"。

14.43

[原文]

原壤夷俟。子曰:"幼而不孙弟,长而无述焉,老而不死,是为贼。"以杖叩其胫。

[释义]

原壤岔开两条腿，坐在地上等孔子。孔子说："你小的时候不谦逊友爱，长大了没有什么贡献，这么老了还不死，真是个害人精。"用拐杖敲打他的小腿。

[智慧]

原壤，孔子的朋友。

坐没坐相，还是朋友之间的戏谑？见仁见智吧。

14.44

[原文]

阙党童子将命。或问之曰："益者与？"子曰："吾见其居于位也，见其与先生并行也。非求益者也，欲速成者也。"

[释义]

阙党来了一个小童子，跟孔子说了些事情。有人问："这个童子是肯上进的人吗？"孔子说："我看他毫无顾忌地坐在位子上，看他与长辈并肩而行。他不是一个上进的人，而是一个急于求成的人。"

[智慧]

阙党，某地名。

民间有谚语："三岁看小，七岁看老。"孔子看到这个小童子在长辈面前毫无谦逊之礼，就知道他不会按部就班地成长和发展，而会急于求成。

礼义廉耻是一点一滴养成的，不是一蹴而就的。小时候习惯了被放纵、被原谅、被呵护，长大以后怎么能一夜之间就讲仁义礼智信了呢？所以，教育要从小抓起，让他们懂得最基本的礼貌和涵养，当他们不再是孩子的时候，才会真正开始受益。

卫灵公第十五

15.1

[原文]

卫灵公问阵于孔子。孔子对曰："俎豆之事，则尝闻之矣；军旅之事，未之学也。"明日遂行。

[释义]

卫灵公向孔子询问排兵布阵的事情。孔子回答说："礼仪方面的事情，我听说过一些；军事方面的事情，我从来没有学过。"第二天就离开了卫国。

[智慧]

"知之为知之，不知为不知，是知也。"这就是孔子对待学识的态度，不知道不要装明白，外行不要领导内行。更进一步就是"陈力就列，不能则止"，如果能力不足以匹配位置，那就让贤，让真正有能力的人担当。

还有一层含义：孔子对于临阵作战没有经验，但是对于管理军队应该还是会有自己的见解。只是卫灵公是有名的昏君，孔子应该不愿意帮助这样的人。

15.2

[原文]

在陈绝粮，从者病，莫能兴。子路愠见曰："君子亦有穷乎？"子曰："君子固穷，小人穷斯滥矣。"

[释义]

孔子一行人在陈国断了粮食，随从的弟子们有的饿病了，没办法起床了。子路生气地问孔子："君子也有走投无路的时候吗？"孔子说："君子虽然走投无路，也会坚持原则；小人如果走投无路，就会无所不为了。"

[智慧]

这里谈到孔子及其弟子在陈国受困。

君子即使挨饿，也不做小人。

15.3

[原文]

子曰："赐也，女以予为多学而识之者与？"对曰："然。非与？"曰："非也，予一以贯之。"

[释义]

孔子说："端木赐啊，你认为我是好学而多识的人吗？"子贡说："是。难道不是这样吗？"孔子说："不是，我始终坚持一个原则。"

[智慧]

孔子终于又讲了一次"一以贯之",可惜子贡也没有问这个"一"到底是什么。所以我们只能继续相信曾子的解释:"忠恕"。

世上的道理千千万,人类的智慧万万千,学不完的,找到适合自己做人做事的正向原则,坚持下去,让这个原则伴随自己行为的始终。每个人都可以有"一以贯之"的道。

15.4

[原文]

子曰:"由!知德者鲜矣。"

[释义]

孔子说:"仲由啊!懂得'德'的人太少了。"

[智慧]

"德"指仁德修养,以及符合仁德标准的行为。

15.5

[原文]

子曰:"无为而治者,其舜也与?夫何为哉?恭己正南面而已矣。"

[释义]

孔子说:"不做具体事情就能让天下大治的人,只有舜吧?他都做了什么呢?他只是端庄严肃地坐在王位上罢了。"

[智慧]

孔子夸赞舜会用人，且用人不疑，让贤良的臣属可以多年坚持管理各自的政事，才得到了天下大治。

孔子也说出了"无为而治"的话了，可以与老子"无为而治"思想比较。我认为，孔子的主张是，每个人做好自己本职的事情，分内之事做完了做好了，宁肯闲着也别管别人分内的事情；老子则强调能不做的事情就不要做，能少做的事情就不要多做，维持最基本的生存和运转就可以了，淡化欲望和名利，"小国寡民"，"鸡犬相闻，民至老死不相往来"。

15.6

[原文]

子张问行。子曰："言忠信，行笃敬，虽蛮貊之邦，行矣。言不忠信，行不笃敬，虽州里，行乎哉？立则见其参于前也，在舆则见其倚于衡也，夫然后行。"子张书诸绅。

[释义]

子张问如何做事。孔子说："说话诚实守信，做事踏实认真，即便到了外邦，也能行得通。说话不诚实不守信，做事不踏实不认真，即便是在自己的本土本乡，能行得通吗？站立的时候，就好像这几个字在眼前晃着，坐在车上就好像这几个字在车的横木上刻着，这样做事才能行得通。"子张把孔子的话写在衣带上面。

[智慧]

"行"，即如何做事。

孔子在讲君子应如何做事。

15.7

[原文]

子曰："直哉史鱼！邦有道，如矢；邦无道，如矢。君子哉蘧伯玉！邦有道，则仕；邦无道，则可卷而怀之。"

[释义]

孔子说："好一个正直的史鱼！国家政治清明，他像射出的箭一样直；国家政治昏暗，他像射出的箭一样直。蘧伯玉真是君子啊！国家政治清明，他出来做官；国家政治昏暗，他就能很好地隐藏自己。"

[智慧]

史鱼，即史鳍，字子鱼，卫国大夫，直臣，对卫灵公不停地劝谏。孔子并不主张大臣愚忠，但是对这样的直臣他还是很敬重的，不过不一定鼓励这种行为。

蘧伯玉，卫国大夫，有能力，还很聪明，不愚忠，君主清明就能帮助君主治理好国家，君主昏庸就能装傻让自己远离灾祸。孔子非常赞赏他。

15.8

[原文]

子曰："可与言而不与之言，失人；不可与言而与之言，失言。知者不失人，亦不失言。"

[释义]

孔子说："可以与他交谈但是没有交谈，就错过了人才；不可以交谈却与他交谈，就浪费了言语。有智慧的人，既不会错过人才，也不会浪费言语。"

[智慧]

该说不说，错过了人才；不该说的时候，乱说话，或者弄错了对象，对牛弹琴，只能是浪费时间和精力。

什么时候该说，什么时候不该说，聪明的人会拿捏好这个分寸。

15.9

[原文]

子曰："志士仁人，无求生以害仁，有杀身以成仁。"

[释义]

孔子说："志士仁人，不会为了求生而违背仁德，而是宁肯牺牲自己来成全仁德。"

[智慧]

孟子进一步说，鱼与熊掌不可兼得，生命与道义必须二选一的时候，舍生而取义。

15.10

[原文]

子贡问为仁。子曰："工欲善其事，必先利其器。居是邦也，事其大夫之贤者，友其士之仁者。"

[释义]

子贡请教如何修养仁德。孔子说："工人要想做好他的工作，必须有合适的工具。住在一个国家，就要敬奉那些贤良的大夫，结交那些躬行仁义的士人。"

[智慧]

孔子向子贡阐述"仁"。

15.11

[原文]

颜渊问为邦。子曰："行夏之时，乘殷之辂，服周之冕，乐则《韶》《舞》。放郑声，远佞人。郑声淫，佞人殆。"

[释义]

颜渊请教如何治理国家。孔子说："用夏朝的历法，坐商朝的车子，戴周朝的礼帽，音乐就选择《韶》与《舞》。放弃郑国的音乐，远离谄媚的小人。郑国的音乐是靡靡之音，谄媚的小人会带来危险。"

[智慧]

郑国，与卫国一样，当时昏君在位，小人横行。

孔子所诉，自有其针对性。

15.12

[原文]

子曰："人无远虑，必有近忧。"

[释义]

孔子说："一个人没有长远的考虑，一定会有眼前的忧患。"

[智慧]

凡事做了规划，都不一定能达到目标；没有规划，就会不断地处理突发事件，浪费了大好岁月。

15.13

[原文]

子曰："已矣乎！吾未见好德如好色者也。"

[释义]

孔子说："就这样吧！我没有见过喜好仁德如同喜好美色的人。"

[智慧]

前面有类似的话。

好德如好色，可为君子了。

15.14

[原文]

子曰："臧文仲其窃位者与！知柳下惠之贤而不与立也。"

[释义]

孔子说："臧文仲大概是个不负责任的人！明明知道柳下惠有贤才却不与他共事。"

[智慧]

臧文仲，鲁国大夫。

柳下惠，姓展，名获，字禽，居住在柳下这个地方，坐怀不乱，谥号"惠"，后人称其为柳下惠。

柳下惠有一个弟弟，叫展跖，也叫柳下跖，他还有一个名字，即盗跖，传说他麾下有几千人之众。另有一种说法：盗跖不是江湖大盗，而是率领穷苦农民起义的首领，他被当时的诸侯国污蔑为盗贼。

君子应积极举荐贤者。

15.15

[原文]

子曰："躬自厚而薄责于人，则远怨矣。"

[释义]

孔子说："自责多，而责人少，就可以远离怨恨了。"

[智慧]

做人多作自我批评，反躬自省，不要总是挑别人的毛病，推卸责任。这是孔子反复讲的做人的原则。

15.16

[原文]

子曰："不曰'如之何，如之何'者，吾未如之何也已矣。"

[释义]

孔子说："不说'怎么办，怎么办'的人，我不知道对他怎么办了。"

[智慧]

"如之何，如之何"，就是多问"怎么办"。

孔子主张"不愤不启，不悱不发"。自己不动脑子思考，老师也不知怎么办了。

15.17

[原文]

子曰："群居终日，言不及义，好行小慧，难矣哉！"

［释义］

孔子说："一群人整天厮混在一起，听不到一句有道义的话，还喜欢卖弄些小聪明，这样的人太难教导了。"

［智慧］

人以群分，物以类聚。

一个人选择什么样的朋友，就代表他选择什么样的人生了。出淤泥而不染的人，肯定有，但是凤毛麟角。如果想要让自己有进步，有突破，那么超越自己固有且舒适的朋友圈也是一种积极举措。

耽于奢靡、自甘下流的人，圣人也无法教化。

15.18

［原文］

子曰："君子义以为质，礼以行之，孙以出之，信以成之。君子哉！"

［释义］

孔子说："君子以道义为原则，遵照礼仪做事情，说出的话很谦逊，做事情诚恳守信。这样的人真是君子啊。"

［智慧］

孔子阐述君子之道。

15.19

[原文]

子曰："君子病无能焉，不病人之不己知也。"

[释义]

孔子说："君子责怪自己没有能力，不责怪别人不了解自己。"

[智慧]

内容与前面"不患人之不己知，患其不能也"相同。

君子善于内省。

15.20

[原文]

子曰："君子疾没世而名不称焉。"

[释义]

孔子说："君子最担心的是自己到死的时候，他的行为与君子之名不相称。"

[智慧]

纵观《论语》，孔子并没有要求弟子们青史留名。孔子不主张追求虚名，反对华而不实，反对名不副实，主张知识落实到行动，做人要名实相符。

君子的名声已经有了，但是如果自己的品德行为还不够得上君子的标准，名实不副，才真是死而有憾的事情了。

15.21

[原文]

子曰："君子求诸己，小人求诸人。"

[释义]

孔子说："君子要求自己，小人要求别人。"

[智慧]

先反省自己，还是先批评别人，这是儒家区分君子与小人的重要标准。

15.22

[原文]

子曰："君子矜而不争，群而不党。"

[释义]

孔子说："君子自重而不与人争执，合群但不拉帮结派。"

[智慧]

"群而不党"，可以参照前面"君子和而不同"来理解。

15.23

[原文]

子曰："君子不以言举人，不以人废言。"

[释义]

孔子说："君子不因为别人说得好就提拔他，也不因为别人人品差而漠视他说的话。"

[智慧]

只会说而不会做的人，叫"佞"，后来引申为蛊惑诏媚的奸人。既要听一个人怎么说，更要看他怎么做，才能决定任用与否。

人很难用好坏来简单评价，只有事情能区分出好坏。不能因为一个人做的事情坏的多、好的少，人品差，声誉低，就忽视他所说的有价值的话。人容易夸大别人的缺点和错误，先入为主，妄下结论。

与人共事，是长期合作、看大放小、求同存异的过程。努力让自己去找到他（她）的优点，找到可以合作的点，这样才能和平相处，完成共同的事业。

15.24

[原文]

子贡问曰："有一言而可以终身行之者乎？"子曰："其恕乎！己所不欲，勿施于人。"

[释义]

子贡问："有没有一句话可以终身奉行的呢？"孔子说："那就是'恕'吧！自己不喜欢的事情，不要强加给别人。"

[智慧]

"恕"，前面有所论及，内容相同。

"己所不欲，勿施于人"，已被奉为儒家至理名言。

15.25

[原文]

子曰："吾之于人也，谁毁谁誉？如有所誉者，其有所试矣。斯民也，三代之所以直道而行也。"

[释义]

孔子说："我对于别人，诋毁了谁？称赞了谁？如果有我所称赞的人，那一定是我考验过的。同样是百姓，夏、商、周三代的人就是这样真诚而正直地做人。"

[智慧]

评价别人一定要慎重，不能道听途说，不要人云亦云。

15.26

[原文]

子曰："吾犹及史之阙文也。有马者借人乘之，今亡矣夫！"

[释义]

孔子说："我读史书还能找到存疑之处。有马的人自己不会调教，却借给别人使用，现在没有这样的人了。"

[智慧]

这段话历来有歧义，可能有缺字或者错简。

阙文，在所难免，正确的态度就是存疑。

15.27

[原文]

子曰："巧言乱德。小不忍，则乱大谋。"

[释义]

孔子说："花言巧语败坏道德。小事不忍耐，就会坏了大事。"

[智慧]

能忍常人所不能忍，必能成就常人所不及。

想象一下，无论男人女人，谁能在众目睽睽之下从一个痞子的裆下爬过去，还若无其事？汉初韩信就能，所以他最终被封为"齐王""楚王"。

15.28

[原文]

子曰："众恶之，必察焉；众好之，必察焉。"

［释义］

孔子说："大家都讨厌的人，我一定要仔细考察才能做出判断；大家都喜欢的人，我一定要仔细考察才能做出判断。"

［智慧］

口碑不一定反映真实的人品和能力。要自己亲自考察判断才能下结论，不能从众，也不能偏听偏信。

15.29

［原文］

子曰："人能弘道，非道弘人。"

［释义］

孔子说："人可以弘扬仁德，而不是仁德弘扬人。"

［智慧］

君子可以通过自己的行为，让仁德道义发扬光大，让百姓沐浴教化，知道什么是仁德，什么是道义；而不是仁德道义主动去找到一个人，使他从普通众生变成君子。

15.30

［原文］

子曰："过而不改，是谓过矣。"

[释义]

孔子说:"犯了错误但是不改正,就是真正的过错了。"

[智慧]

不要怕犯错误,改了就还是好同志。

真正的错误,是明知犯错了,坚决不改,屡教不改。

15.31

[原文]

子曰:"吾尝终日不食,终夜不寝,以思,无益,不如学也。"

[释义]

孔子说:"我曾经一整天都不吃东西,一整夜都不睡觉,都用来思考了,可是没有什么好处,不如去学习。"

[智慧]

学习和思考是相辅相成的,缺一不可。

15.32

[原文]

子曰:"君子谋道不谋食。耕也,馁在其中矣;学也,禄在其中矣。君子忧道不忧贫。"

[释义]

孔子说:"君子追求获得人生大道而不是追求穿衣吃饭。认真耕种,食物就在其中了;认真学习,俸禄就在其中了。君子担忧的是人生大道而不是贫困的生活。"

[智慧]

这段话的意思应该是:只要追求到了人生的大道,就是仁德道义的真理,那么丰衣足食、高官厚禄就是自然而然的事情了。而且一个得道的人,即便没有顺其自然而来的丰衣足食与高官厚禄,也会坦然待之,不会患得患失。

15.33

[原文]

子曰:"知及之,仁不能守之,虽得之,必失之。知及之,仁能守之,不庄以莅之,则民不敬。知及之,仁能守之,庄以莅之,动之不以礼,未善也。"

[释义]

孔子说:"用智慧获得的东西,如果不能用仁德守护,即便得到了,也会失去。用智慧能获得的东西,也能够用仁德守护,不用严肃的态度来治理百姓,那么百姓也不会认真对待。用智慧能获得的东西,能够用仁德守护,用严肃的态度来治理百姓,但是役使百姓的时候不能以礼相待,还是不够完美。"

[智慧]

孔子阐述"知"与"仁"的辩证关系。

15.34

[原文]

子曰:"君子不可小知而可大受也,小人不可大受而可小知也。"

[释义]

孔子说:"君子在人事上不甚了了,却可以担当重任;小人不可以担当重任,却在人事上精明得很。"

[智慧]

另一种解读:君子和小人,是按照学识和技能来区分的,不是按照品德来区分的:君子可以辅助君主治理朝政,而普通的工匠或者民众可以处理具体的工艺技能。

15.35

[原文]

子曰:"民之于仁也,甚于水火。水火,吾见蹈而死者矣,未见蹈仁而死者也。"

[释义]

孔子说:"仁德对于百姓来说,比水火更重要。我见过为了水和火而付出生命的人,但是我没见过为了践行仁德而付出生命的人。"

[智慧]

此为孔子"勉人为仁"之语。

15.36

[原文]

子曰："当仁，不让于师。"

[释义]

孔子说："遇到符合仁德的，应该做的正事，即便是老师，也不用谦让。"

[智慧]

追求仁德道义，不必谦让。觉得应该做的事情，就要勇敢去做。

15.37

[原文]

子曰："君子贞而不谅。"

[释义]

孔子说："君子坚持大的仁德之道，而可以忽略小的信义。"

[智慧]

成全大义而不拘小节。如孔子反复论及的管仲，管子没有履行对公子纠的忠义，反而成了对头公子小白的相父。但正是舍弃了小的信义，才成就了管子彪炳史册的大义。

15.38

[原文]

子曰："事君，敬其事而后其食。"

[释义]

孔子说："侍奉君主，先认真做好分内的工作，再想赚取俸禄的事情。"

[智慧]

这个道理孔子前面讲过。先把本职工作做好，做出成绩了，才有资格和资本要更好的待遇。

15.39

[原文]

子曰："有教无类。"

[释义]

孔子说："我在教育学生的时候一视同仁，不区分学生的类别。"

[智慧]

这与前面孔子讲的"自行束脩以上，吾未尝无诲焉"意思一样。孔子教育学生，主要看学生的品德和资质，不会去区分学生家里的财富、地位、家族、地域、社会关系等。

15.40

[原文]

子曰："道不同，不相为谋。"

[释义]

孔子说："人生的理想不相同，就不要一起商议共事了。"

[智慧]

"道"，人生理想，也可以理解为世界观、人生观、价值观。

如果大家的理念不一致，甚至南辕北辙，这样的一群人合在一起做一件事情，一定做不成，而且还会吵架，最后不欢而散，连普通朋友都做不了。

15.41

[原文]

子曰："辞达而已矣。"

[释义]

孔子说："言辞，足以表达真实的意思就可以了。"

[智慧]

孔子反对辞藻华丽，反对虚浮。

15.42

[原文]

师冕见，及阶，子曰："阶也。"及席，子曰："席也。"皆坐，子告之曰："某在斯，某在斯。"师冕出。子张问曰："与师言之道与？"子曰："然，固相师之道也。"

[释义]

师冕来见孔子，走到台阶了，孔子说："这是台阶。"走到座席了，孔子说："这是座席。"大家都坐下了，孔子告诉师冕，说："某人在这里，某人在这里。"师冕离开。子张问孔子："这就是和盲人乐师相处之道吗？"孔子说："是的，这就是和盲人乐师的相处之道。"

[智慧]

师冕，名字叫冕的一位乐师。春秋时期乐师多由盲人担任。

孔子对盲人乐师无微不至地照顾，这就是圣人的待人之道。

季氏第十六

16.1

[原文]

季氏将伐颛臾。冉有、季路见于孔子曰："季氏将有事于颛臾。"

孔子曰："求！无乃尔是过与？夫颛臾，昔者先王以为东蒙主，且在邦域之中矣，是社稷之臣也。何以伐为？"

冉有曰："夫子欲之，吾二臣者皆不欲也。"

孔子曰："求！周任有言曰：'陈力就列，不能者止。'危而不持，颠而不扶，则将焉用彼相矣？且尔言过矣。虎兕出于柙，龟玉毁于椟中，是谁之过与？"

冉有曰："今夫颛臾，固而近于费。今不取，后世必为子孙忧。"

孔子曰："求！君子疾夫舍曰欲之而必为之辞。丘也闻有国有家者，不患寡而患不均，不患贫而患不安。盖均无贫，和无寡，安无倾。夫如是，故远人不服，则修文德以来之。既来之，则安之。今由与求也，相夫子，远人不服而不能来也；邦分崩离析而不能守也。而谋动干戈于邦内。吾恐季孙之忧，不在颛臾，而在萧墙之内也。"

[释义]

季氏要讨伐颛臾。冉有、季路来见孔子，说："季氏将要对颛臾用兵了。"

孔子说："冉求！这难道不是你的过错吗？颛臾，前代君主曾经让他们主持东蒙山的祭祀，而且他们在鲁国境内，是我们的内藩臣属。为什么要攻伐他们呢？"

冉有说："这是季氏想要做的事情，我们二人都不想这样做。"

孔子说："冉求！周任说过：'能贡献力量，才能就职，如果不能贡献力量，那就该去职。'看到危险不能持正，看到颠覆不能扶持，为什么还要你这样的助手呢？而且你说错话了。老虎和犀牛从木笼里逃了出来，龟壳和美玉毁在了匣子里，这是谁的过错？"

冉有说："现在的颛臾，城墙牢固且靠近费地。如今如果不夺取，以后会成为子孙的隐患。"

孔子说："冉求！君子就是讨厌那种不愿意说'我想要'，隐藏贪心而找借口的人。我也听说了，诸侯还是大夫，不担忧财富不充足，担忧财富分配不平均，不担忧人民贫困，担忧人民不安定。大概分配平均了，就没有贫困，和平就不会觉得人少，安定就没有倾覆的危险。如果这样，远方的人还是不顺服，就修仁义的德政招徕他们。他们如果来了，就让他们安定下来。现在仲由和冉求，你们是季氏的家臣，远方的人不顺服，却不能被招徕，国家就要被分裂，却不能保全，反而策划在国内使用武力。我担心季孙的忧患，不在颛臾，而在国君。"

[智慧]

"萧墙"，指屏风。"萧墙之内"，就是指国君。此处是说如果季氏征伐内藩附属，那么会引起国君的不满，国君可能会借机收拾一直掌权且跋扈的季氏。

16.2

[原文]

孔子曰："天下有道，则礼乐征伐自天子出；天下无道，则礼乐征伐自诸侯出。自诸侯出，盖十世希不失矣；自大夫出，五世希不失矣；陪臣执国命，三世希不失矣。天下有道，则政不在大夫。天下有道，则庶人不议。"

[释义]

孔子说："天下清平，礼仪音乐的制定和出兵用武都是天子来决定；天下混乱，礼仪音乐的制定和出兵用武都是诸侯来决定。决定权出自诸侯的，大概传到十代就很少能延续了；决定权出自大夫，传到五代就很少能延续了；决定权出自大夫的家臣，传到三代就很少能延续了。天下清平，政令的决定权不会在大夫之手。天下清平，那么百姓就不会非议朝政。"

[智慧]

孔子论述礼仪音乐制订者的重要性。

16.3

[原文]

孔子曰："禄之去公室五世矣，政逮于大夫四世矣，故夫三桓之子孙微矣。"

[释义]

孔子说："国君不能掌控国家权力已经五代了，政令由大夫把持已经四代了，所以三桓的子孙现在也衰微了。"

[智慧]

这段延续上段的内容。

孔子对于三桓以臣凌君，把持朝政，非常不满。他很希望权力可以回归国君，让鲁国君臣都可以遵守礼仪制度。

16.4

[原文]

孔子曰："益者三友，损者三友。友直，友谅，友多闻，益矣。友便辟，友善柔，友便佞，损矣。"

[释义]

孔子说："三种朋友有益，三种朋友有害。朋友很正直，朋友讲信用，朋友见多识广，这是有益的。朋友谄媚逢迎，朋友曲意讨好，朋友巧言令色，这是有害的。"

[智慧]

孔夫子交友的标准，简单明了。

16.5

[原文]

孔子曰："益者三乐，损者三乐。乐节礼乐，乐道人之善，乐多贤友，益矣。乐骄乐，乐佚游，乐宴乐，损矣。"

[释义]

孔子说："三种快乐有益，三种快乐有害。以礼仪和音乐调节身心带来的快乐，讲述别人的仁德和优点带来的快乐，结交很多贤良之人做朋友的快乐，这是有益的。以骄傲自满为快乐，以纵情游荡为快乐，以吃喝饮宴为快乐，这是有害的。"

[智慧]

这段延续上段的内容，对"益者""损者"进一步阐述。

16.6

[原文]

孔子曰："侍于君子有三愆：言未及之而言谓之躁，言及之而不言谓之隐，未见颜色而言谓之瞽。"

[释义]

孔子说："与君子相处，注意不要犯三个错误：不该说话的时候说话了叫急躁，该说话却不说话了叫隐瞒，没有看君子的脸色变化就说话了叫眼盲。"

[智慧]

说话要恰到好处，要会察言观色。

16.7

[原文]

孔子曰："君子有三戒：少之时，血气未定，戒之在色；及其壮也，血气方刚，戒之在斗；及其老也，血气既衰，戒之在得。"

[释义]

孔子说："君子有三点需要警惕：年少的时候，血气还没有稳定，要警惕不要贪恋女色；等到壮年了，血气正旺盛，要警惕不要争强好胜；等到年老了，血气衰弱，要警惕不要贪得无厌。"

[智慧]

色、斗、得，其实是人生必经的三个阶段。

孔子讲的道理，不是不能好色、不能争胜、不能守财，而是讲不能过度，凡事恰到好处。孔子一直主张中庸之道。

好色而不淫，争胜而不邪，守财而不贪，这也是君子之所为。

16.8

[原文]

孔子曰："君子有三畏：畏天命，畏大人，畏圣人之言。小人不知天命而不畏也，狎大人，侮圣人之言。"

[释义]

孔子说:"君子敬畏三件事:敬畏天命,敬畏位居高位者,敬畏圣人说的话。小人不懂得天命所以不敬畏,亲昵戏弄位居高位者,轻侮圣人说的话。"

[智慧]

圣人说的话,可以不信,但是不要侮辱和毁谤,否则只会显出自己的浅陋与无知。

人,总要有所敬畏、有所顾忌、有所害怕,做事才有度,做人才有底线。什么都不怕、什么都不信、什么都不在乎,做任何事都不会有所顾忌,这样的人最可怕。

16.9

[原文]

孔子曰:"生而知之者,上也;学而知之者,次也;困而学之,又其次也;困而不学,民斯为下矣。"

[释义]

孔子说:"生下来就什么都知道的,是上等人;通过学习获取知识的,是次一等的人;遇到困难了去学习,又次一等的人;遇到困难了还不学习,这样的人就是最下等的了。"

[智慧]

生而知之的,是天赋异禀,不是凡人能达到的。

我们能做的是学而知之,这也是孔子所主张的观点。

遇到困难了，去学习相关知识解决问题，就像遇到生字了去查字典。孔子觉得这样的人虽然是被动学习的，但总归也是学习了，勉强认可。

遇到了困难，逃避，不解决。这种自暴自弃的人生态度，孔子瞧不上，评定为最下等。

16.10

[原文]

孔子曰："君子有九思：视思明，听思聪，色思温，貌思恭，言思忠，事思敬，疑思问，忿思难，见得思义。"

[释义]

孔子说："君子有九种考虑：看到的时候，考虑是否明白；听到的时候，考虑是否清楚；展现给众人的表情，考虑是否温和；容貌态度，考虑是否庄重；说话的时候，考虑是否真诚；做事的时候，考虑是否严谨认真；有疑问的时候，考虑如何向别人请教；将要发怒的时候，考虑会有什么后果；看见利益的时候，考虑是否应该得到。"

[智慧]

孔子剖析君子之"九思"。

16.11

[原文]

孔子曰："见善如不及，见不善如探汤。吾见其人矣，吾闻其语矣。隐居以求其志，行义以达其道。吾闻其语矣，未见其人也。"

[释义]

孔子说："看见善良的行为，好像总是追赶不上；看见邪恶的事情，好像伸手碰到了滚烫的开水。我看见这样的人，听到过这样的话。隐居起来磨练他的意志，奉行道义来贯彻他的仁德。我听到过这样的话，但是没见到这样的人。"

[智慧]

孔子仍然在"勉人为仁"。

16.12

[原文]

齐景公有马千驷，死之日，民无德而称焉。伯夷、叔齐饿于首阳之下，民到于今称之。其斯之谓与？

[释义]

齐景公有四千匹马，到他死的时候，百姓也不知道他有什么值得称道的德行。伯夷、叔齐饿死在首阳山下，百姓到如今都在称颂他们。说的就是这个意思吧。

[智慧]

这段话语义不完整，前后可能有漏字。

齐景公在位58年，时间很长，一方面任用贤相晏婴等，另一方面贪图享乐，宵小之辈陪他吃喝玩乐，也干了不少坏事。他是一个很有争议的人物。

[原文]

陈亢问于伯鱼曰："子亦有异闻乎？"对曰："未也。尝独立，鲤趋而过庭。曰：'学《诗》乎？'对曰：'未也。''不学《诗》，无以言。'鲤退而学《诗》。他日，又独立，鲤趋而过庭。曰：'学礼乎？'对曰：'未也。''不学礼，无以立。'鲤退而学礼。闻斯二者。"陈亢退而喜曰："问一得三：闻《诗》，闻礼，又闻君子之远其子也。"

[释义]

陈亢问伯鱼说："夫子对您有与众不同的教诲吗？"伯鱼回答说："没有。父亲曾经自己站着，我恭敬地小步从庭前走过。父亲问：'学过《诗经》吗？'我回答：'没有。'他说：'不学《诗经》，就不会说话。'我就退回去学习《诗经》。另一天，父亲又自己站着，我恭敬地小步从庭前走过。父亲问：'学过礼仪吗？'我回答：'没有。'他说：'不学礼仪，就不能在社会立足。'我退回去学习礼仪。要说与其他弟子受教育的不同，大概就是这两次吧。"陈亢离开之后很高兴地说："问一个事情，知道了三个事情。要学习《诗经》，要学习礼仪，知道了君子会和自己的儿子保持适当的距离。"

[智慧]

陈亢，应该不是孔子的弟子。

伯鱼，即孔鲤，字伯鱼，孔子的儿子。

问一得三，是善于求学者。

16.14

[原文]

邦君之妻，君称之曰"夫人"，夫人自称曰"小童"；邦人称之曰"君夫人"，称诸异邦曰"寡小君"；异邦人称之亦曰"君夫人"。

[释义]

国君的妻子，国君称她为"夫人"，夫人自称为"小童"；国人称呼国君的妻子为"君夫人"，国人对外邦的人称呼自己国君的妻子，叫做"寡小君"；外国人称呼国君的妻子也叫"君夫人"。

[智慧]

这段话应该漏掉了"子曰"。

正名，是求学者的基本功。

阳货第十七

17.1

[原文]

阳货欲见孔子，孔子不见，归孔子豚。孔子时其亡也，而往拜之。遇诸涂。谓孔子曰："来！予与尔言。"曰："怀其宝而迷其邦，可谓仁乎？"曰："不可。""好从事而亟失时，可谓知乎？"曰："不可。""日月逝矣，岁不我与。"孔子曰："诺，吾将仕矣。"

[释义]

阳货想要见孔子，孔子不见，于是阳货就到孔子的家里给他送了一只小烧猪。孔子知道阳货不在家，便前去还礼。两个人在路上遇到了。阳货对孔子说："你来，我跟你说话。"接着说："自己有一身的本领，却任由国事混乱，这样的人可以称为仁德吗？"他自己回答："不可以。""一个人喜欢做官，却总是错失时机，这样的人可以称为聪明吗？"他又自己回答："不可以。""时光不停地流逝，不会再等我们了。"孔子说："好的。我打算做官了。"

[智慧]

阳货，鲁国季氏的家臣，后来意图铲除三桓失败，逃奔晋国。

前面的问答都是阳货自问自答，劝说孔子出仕；只有最后一句是孔子说的话。

17.2

[原文]

子曰："性相近也，习相远也。"

[释义]

孔子说："人出生之初，禀性本身都是接近的，只是后来所处的环境和所受的教育不同。让人们有了很大的差别。"

[智慧]

《三字经》说"性相近，习相远"，就是来自这里。孔子之后，才出现了孟子的"性善论"和荀子的"性恶论"。

17.3

[原文]

子曰："唯上知与下愚不移。"

[释义]

孔子说："只有上等的智者和下等的愚人是没法改变的。"

[智慧]

孔子说过的话，有些难以解释。只能自己琢磨，慢慢参，参透了就明白了。

17.4

[原文]

子之武城，闻弦歌之声。夫子莞尔而笑，曰："割鸡焉用牛刀？"子游对曰："昔者偃也闻诸夫子曰：'君子学道则爱人，小人学道则易使也。'"子曰："二三子！偃之言是也。前言戏之耳。"

[释义]

孔子到了武城，听到了弹琴唱歌的声音。孔子微微一笑，说："杀鸡还用宰牛的刀吗？"子游回答说："以前我听老师您讲过：'君子学习仁德之道就会有仁爱之心，小人学习了仁德之道就容易被公事驱使。'"孔子说："弟子们，言偃的话是对的。我刚才是和他开玩笑呢。"

[智慧]

武城，子游在此处做官，孔子前来游玩。

子游，即言偃，字子游，孔子的弟子。

因为武城很小，孔子觉得自己的弟子在这里以礼乐教化民众，有些大材小用了。可是子游认真回忆老师教育他们要以仁德教化民众，并没有说过地方大小、百姓多少而有所不同。孔子马上更改了戏谑的态度，告诉弟子们自己是开玩笑的。

君子过则勿惮改。

17.5

[原文]

公山弗扰以费畔，召，子欲往。子路不说，曰："末之也已，何必公山氏之之也？”子曰：“夫召我者，而岂徒哉？如有用我者，吾其为东周乎？”

[释义]

公山弗扰占据费地反叛，召孔子去，孔子准备前往。子路不高兴，说：“没有地方去就算了，何必要去公山氏那里呢？”孔子说：“召我前去，难道就没有什么意图吗？如果有人任用我，我难道不能将周朝文武之盛在东方复兴吗？”

[智慧]

公山弗扰，季氏的家臣，反叛季氏，拥立鲁国国君，所以孔子才会愿意前往支持他。

17.6

[原文]

子张问仁于孔子。孔子曰：“能行五者于天下，为仁矣。”请问之。曰：“恭、宽、信、敏、惠。恭则不侮，宽则得众，信则人任焉，敏则有功，惠则足以使人。”

[释义]

子张问孔子什么是仁。孔子说：“能做到五点的人，可以称作仁人了。”子张问：“请您详细说一下。”孔子说：“庄重、宽容、诚信、敏捷、施惠。庄重就不会招来侮辱，宽容就会得到众人的支持，诚信会受人任用，敏捷会成就事业，施惠能够领导别人。”

[智慧]

孔子阐述仁者"五行":恭、宽、信、敏、惠。

17.7

[原文]

佛肸召,子欲往。子路曰:"昔者由也闻诸夫子曰:'亲于其身为不善者,君子不入也。'佛肸以中牟畔,子之往也,如之何?"子曰:"然,有是言也。不曰坚乎,磨而不磷;不曰白乎,涅而不缁。吾岂匏瓜也哉?焉能系而不食?"

[释义]

佛肸召孔子,孔子准备前往。子路说:"以前我听您讲过:'亲自做坏事的人,君子是不会去的。'佛肸以中牟反叛,您却要前往,为什么呢?"孔子说:"是的。我是说过这样的话。可是,最坚硬的东西,怎么磨也不会薄;最洁白的东西,怎么染色也不会黑。我难道是匏瓜吗?怎么能只是挂在那里而不能吃呢?"

[智慧]

佛肸,晋国赵简子的家臣,后来赵简子攻打另一位大夫范中行,佛肸占据中牟而投靠范中行,反叛赵简子。

孔子也曾想,借助某势力施行仁政。

17.8

[原文]

子曰："由也！女闻六言六蔽矣乎？"对曰："未也。""居！吾语女。好仁不好学，其蔽也愚；好知不好学，其蔽也荡；好信不好学，其蔽也贼；好直不好学，其蔽也绞；好勇不好学，其蔽也乱；好刚不好学，其蔽也狂。"

[释义]

孔子说："仲由！你听说过六种品德和六种弊病吗？"子路说："没有。"孔子说："坐下。我告诉你。崇尚仁德但是不喜欢学习，弊病就是容易被人愚弄；崇尚智慧但是不喜欢学习，弊病就是闲散游荡；崇尚诚信但是不喜欢学习，弊病就是（容易被人利用）伤害自己；崇尚正直但是不喜欢学习，弊病就是尖酸刻薄；崇尚勇敢但是不喜欢学习，弊病就是容易鲁莽闯祸；崇尚刚强但是不喜欢学习，弊病就是狂妄自大。"

[智慧]

仁、智、信、直、勇、刚，这六点是孔子赞赏的品德，但是如果没有学识，这六种品德反而会成为羁绊。

17.9

[原文]

子曰："小子何莫学夫《诗》？《诗》，可以兴，可以观，可以群，可以怨。迩之事父，远之事君；多识于鸟兽草木之名。"

[释义]

孔子说："弟子们，你们为什么不学《诗经》呢？《诗》，可以抒发情感，可以提高洞察力，可以结交更多的朋友，可以抒发心中不平。当下可以侍奉父母，以后可以侍奉君主，还可以广泛认识鸟兽草木的名字。"

[智慧]

孔子在讲《诗经》的益处。

我认为，《诗经》确实是一本很神奇的书，心情不愉快的时候，读几首诗，感觉气血通畅；常读《诗经》，让人莫名感到愉悦和通透。

17.10

[原文]

子谓伯鱼曰："女为《周南》《召南》矣乎？人而不为《周南》《召南》，其犹正墙面而立也与？"

[释义]

孔子对伯鱼说："你学习过《周南》《召南》了吗？一个人如果不曾认真学习《周南》《召南》，就像面对着墙壁站着吧。"

[智慧]

《周南》和《召南》是《诗经·国风》里的两个部分。

孔子觉得，如果没有学习过《周南》《召南》这两个部分的诗歌，就好像面对着墙壁站着，看不见外面的大千世界，没有办法向前走。

17.11

[原文]

子曰："礼云礼云，玉帛云乎哉？乐云乐云，钟鼓云乎哉？"

[释义]

孔子说："礼啊礼啊，难道只是这些玉器和布帛吗？乐啊乐啊，难道只是这些钟鼓乐器吗？"

[智慧]

玉器和布帛只是礼仪的表达方式，钟鼓乐器也只是乐的表现形式。这些物质都是外在的。孔子"克己复礼"更重视的是内容，就是能否让百姓富足并以仁德教化万民，使得礼仪和音乐真正反映出盛世景象，而不是搞表面形式，让这些花里胡哨的东西成了君主和士大夫们享乐炫耀的奢侈品，而百姓仍然过着既贫穷又愚昧的生活。

17.12

[原文]

子曰："色厉而内荏，譬诸小人，其犹穿窬之盗也与？"

[释义]

孔子说："外表强横而内心怯弱，用小人来比喻，就好像在墙上凿个洞的小偷一样吧。"

[智慧]

大部分外表强硬蛮横的人，内心都很胆怯虚弱。反之，各行各业的成功人士，大多平易近人，无论他们内心如何评判别人，他们一定会表现出最基本的礼貌和修养。

气场，是靠内在学识和外在成就营造出来的，不是靠挖苦羞辱和无理取闹烘托出来的。

17.13

[原文]

子曰："乡原，德之贼也。"

[释义]

孔子说："没有是非立场的好好先生，是败坏道德的小人。"

[智慧]

乡原，即"乡愿"，是指没有任何立场、谁都不得罪的老好人。无论别人说什么，他都说好，从不反对任何人，当然也不会真的支持任何人。

孔子称没有原则立场的人为"贼"。

17.14

[原文]

子曰："道听而涂说，德之弃也。"

[释义]

孔子说:"听到传闻就到处散布,这是背离道德修养的行为。"

[智慧]

管好自己的嘴巴,有的时候真的很重要。

我们每天都会听到各种各样的消息。有些人是貔貅属性,无论什么话,到了他的肚子里,只进不出,别人自然放心告诉他重要的信息;有些人是直筒子属性,无论什么话到了他耳朵里,根本不停留,迅速传遍所有能够得着的人,这样的人不见得有坏心,反而可能很直率、很可爱,但是作为他的领导,怎么敢重用他,怎么敢让他承担一些只有核心层才可以决策的重要事项呢?

嘴里能憋得下话,心里能沉得住气,肚里能装得住事,这样的人能成事。

17.15

[原文]

子曰:"鄙夫可与事君也与哉?其未得之也,患得之;既得之,患失之。苟患失之,无所不至矣。"

[释义]

孔子说:"见识浅薄的人,可以和他一起侍奉君主吗?他没有得到职位的时候,担心得不到;得到了职位,又担心失去。如果担心失去,那就什么事都做得出来了。"

[智慧]

得不到不是最痛苦的，得而复失才是最痛苦的。就像井底之蛙，让它爬上来，看到了真正的天大地大，再把它扔回井里，这就是最大的摧残了。

患得患失，谁都懂，但是能戒掉，那真是需要大智慧、大毅力和大造化了。

17.16

[原文]

子曰："古者民有三疾，今也或是之亡也。古之狂也肆，今之狂也荡；古之矜也廉，今之矜也忿戾；古之愚也直，今之愚也诈而已矣。"

[释义]

孔子说："古代的人有三个毛病，现在的人连这些毛病都没有了。古代狂妄的人，直言不讳、不拘小节，现在狂妄的人，放荡不羁、毫无顾忌；古代矜持的人，孤傲独立、不可亲近，现在矜持的人，愤世嫉俗、无理取闹；古代愚昧的人，憨直耿介、不知转圜，现在愚昧的人，耍弄心机、欺诈取巧而已。"

[智慧]

亡，通"无"。

孔子认为，当时的人比以前的人毛病更多，因此大力提倡"复礼"。

17.17

[原文]

子曰："巧言令色，鲜矣仁。"

[释义]

孔子说："花言巧语，善于伪装，这样的人，几乎没有仁德。"

[智慧]

重文。

孔子对巧言令色者一直持批评态度。

17.18

[原文]

子曰："恶紫之夺朱也，恶郑声之乱雅乐也，恶利口之覆邦家者。"

[释义]

孔子说："我讨厌紫色夺取了红色的地位，我讨厌郑国音乐扰乱了典雅的音乐，我讨厌伶牙俐齿的人颠覆了国家。"

[智慧]

"恶"，厌恶、讨厌。"三恶"的背后，即"复礼"。

17.19

[原文]

子曰："予欲无言。"子贡曰："子如不言，则小子何述焉？"子曰："天何言哉？四时行焉，百物生焉。天何言哉？"

[释义]

孔子说："我不想说话。"子贡说："您要是不说话，弟子们如何把您的思想转述出去呢？"孔子说："天说什么了？四季运行，万物生长。天说什么了？"

[智慧]

孔夫子也不是一直都在用语言和行动教育弟子们，他也让弟子们自己去参悟。这一天，孔子不想说话了，弟子们还是要听课啊，于是孔子说，天什么都不说，天所覆盖的都在有序运行，像天一样具有最高德行的人，还需要说话吗？

孔子说"天何言哉"，老子讲"天地不仁，以万物为刍狗，圣人不仁，以百姓为刍狗"，庄子讲"天地有大美而不言，四时有明法而不议，万物有成理而不说"，这就是同理心，他们对天地自然的感悟是相通的。

17.20

[原文]

孺悲欲见孔子，孔子辞以疾。将命者出户，取瑟而歌，使之闻之。

[释义]

孺悲想要见孔子，孔子借口有病不接见他。传命的人刚出门，孔子就取出瑟，一边弹奏一边唱歌，故意要让孺悲听到。

[智慧]

孺悲，鲁国人。

孔子为什么借口不见孺悲，还要故意让他知道？缺乏材料，难以解说。

17.21

[原文]

宰我问："三年之丧，期已久矣。君子三年不为礼，礼必坏；三年不为乐，乐必崩。旧谷既没，新谷既升，钻燧改火，期可已矣。"子曰："食夫稻，衣夫锦，于女安乎？"曰："安。""女安，则为之。夫君子之居丧，食旨不甘，闻乐不乐，居处不安，故不为也。今女安，则为之！"宰我出。子曰："予之不仁也！子生三年，然后免于父母之怀。夫三年之丧，天下之通丧也。予也有三年之爱于其父母乎？"

[释义]

宰我问："父母故去要服丧三年，太久了吧。君子三年不习礼仪，礼仪就废弃了；三年不演奏音乐，音乐就失传了。陈年的谷子没有了，新的谷子就长出来了，不同的季节用不同的木头打火，一年也就够所有的木头用一轮的了。"孔子说："守丧不满三年，吃稻米，穿锦缎，你感觉心安吗？"宰我说："心安。"孔子说："如果你心安，那你就这样做吧（不必守孝三年）。"宰我出去了。孔子说："宰予没有仁心啊！孩子出生三年以后，才能脱离父母的怀抱。父母故去守孝三年，天下人都是这么做的。宰予也有三年的时间被他的父母抱在怀里吗？"

[智慧]

关于"孝期"的争论，参见前面论述。

孔子坚持守孝三年，宰我提出异议。

17.22

[原文]

子曰："饱食终日，无所用心，难矣哉！不有博弈者乎？为之，犹贤乎已。"

[释义]

孔子说："每天吃饱了饭，对什么事情都不用心，这样的人没希望了。不是有博弈的游戏吗？即便是玩博弈游戏，也比无聊闲着好啊。"

[智慧]

如果让一个人每天都闲着，什么都不干，那就类似于废了。只要是有事情做，人就总会有股精气神，才会健康，才会正常地活着。

虽然很多人嘴上喊着"忙死了"，但人是很难忙死的，却很容易"闲死"。

17.23

[原文]

子路曰:"君子尚勇乎?"子曰:"君子义以为上。君子有勇而无义为乱,小人有勇而无义为盗。"

[释义]

子路说:"君子崇尚勇敢吗?"孔子说:"君子崇尚道义。君子勇敢但是没有道义就会作乱,小人勇敢但是没有道义就会做强盗。"

[智慧]

孔子主张,以仁德和道义为根本的勇敢,以知识和智慧为导向的勇敢,才是真正有价值的勇敢。

17.24

[原文]

子贡曰:"君子亦有恶乎?"子曰:"有恶:恶称人之恶者,恶居下流而讪上者,恶勇而无礼者,恶果敢而窒者。"曰:"赐也亦有恶乎?""恶徼以为知者,恶不孙以为勇者,恶讦以为直者。"

[释义]

子贡说:"君子也有厌恶的事情吗?"孔子说:"有厌恶的事情:厌恶那些说别人缺点的人,厌恶下级毁谤上级的人,厌恶勇敢但是不尊礼仪的人,厌恶一意孤行顽固到底的人。"问:"端木赐,你也有厌恶的事情吗?"子贡说:"厌恶侥幸取得一点成绩就自以为很聪明的人,厌恶把狂妄无礼当作勇敢的人，厌恶揭露别人的隐私却自以为很正直的人。"

[智慧]

师徒俩来言去语，生动勾勒出一幅幅小人的嘴脸。或许明代冯梦龙《警世通言》里讲的那些小人得志便猖狂的故事，从这段对话中找到了创作的灵感。

孔子讲"过而不改，是谓过矣"。读《论语》的时候，如果发现孔子批评的哪一条，自己对上号了，心慌脸红，不要紧，改了就好。没有人能符合孔夫子关于君子的所有标准。最要不得的就是，发现孔子批评的就是自己的行为，不是赶紧改毛病，而是不看《论语》了。

17.25

[原文]

子曰："唯女子与小人为难养也，近之则不孙，远之则怨。"

[释义]

孔子说："唯有教养女子和小人是困难的了，亲近了就会无礼，疏远了就会抱怨。"

[智慧]

不必按照现在的观念好心地为尊者讳。

在孔子的时代，世俗的观念就是觉得女人不好相处：关系亲了，她们就会随意，甚至君主身边的女人会干涉朝政；关系远了，她们就会抱怨，甚至做出一些巫蛊诅咒之类的事情。

古时候没有男女平等的观念，也没有人人平等的观念，所以传统文化中有一些不为现代思想所容纳的观念不奇怪。读《论语》，懂得取舍即可。

17.26

[原文]

子曰："年四十而见恶焉，其终也已。"

[释义]

孔子说："四十岁了还被人厌恶，这辈子也就这样了。"

[智慧]

不清楚孔子这句话的背景。

可能是孔子快四十岁的时候仍然没有找到一个可以让他施行仁政的诸侯国，有些心灰意冷，发的一句牢骚。

圣人也是人，发个牢骚也是正常的，只是刚好被弟子们记录下来了，还流传下来了。

微子第十八

18.1

[原文]

微子去之，箕子为之奴，比干谏而死。孔子曰："殷有三仁焉。"

[释义]

纣王残暴，微子离开了，箕子佯装疯癫，比干劝谏被杀。孔子说："殷有三位仁德之人。"

[智慧]

微子，商纣王的长兄，庶出，未能继位。曾劝谏商纣王无果，遂离开。武王灭商之后，将微子封在宋国。微子是宋国第一位国君，也是宋姓的始祖。

箕子，商纣王的叔父，多次劝谏，无果，遂假装疯癫，逃出了殷商之境，在今朝鲜半岛建立了最早的政权，史称"箕子朝鲜"。

比干，商纣王的叔父，因劝谏纣王而被杀。

微子、箕子、比干，被称为"殷末三仁"。

18.2

[原文]

柳下惠为士师，三黜。人曰："子未可以去乎？"曰："直道而事人，焉往而不三黜？枉道而事人，何必去父母之邦？"

[释义]

柳下惠做典狱官，多次被罢黜。别人对他说："您难道不能离开鲁国吗？"柳下惠说："坚持原则的工作，到哪里不会被多次罢黜呢？不坚持原则地工作，又何必离开自己的国家呢？"

[智慧]

别人见柳下惠多次被贬官，劝他离开。可是柳下惠看得太明白了：只要是按照自己的行为方式做事情，哪里不都是一样的吗？

对于现代的职场而言，如果只是觉得所在的单位环境不好，同事不好，领导不好，下属不好，那么去哪里都会觉得这些角色依然不好。能够适应和各种人在一起共事，才会有更高的平台提供给你。所有外在因素的作用力，都取决于你自己是什么样的人和拥有什么样的心态。

人找工作，人选工作，一字之差，天壤之别。

18.3

[原文]

齐景公待孔子曰："若季氏，则吾不能；以季、孟之间待之。"曰："吾老矣，不能用也。"孔子行。

[释义]

齐景公谈到如何对待孔子（在齐国的地位）时说："像鲁国国君对待季氏那样尊崇，我做不到；可以比鲁国国君对季氏级别和待遇低，但是比对孟氏的级别和待遇高。"又说："我老了，不能任用你了。"孔子离开了齐国。

[智慧]

这一年孔子三十七岁，孔子到达齐国，希望在这里能有施政的机会，但是齐景公并不打算真的任用孔子，所以谈到给孔子的权力和待遇的时候，比照鲁昭公对待三桓的水平。鲁昭公时期，三桓之中，季氏权力最大，其次叔氏，最后孟氏。但是随后干脆以自己年老为由，拒绝任用孔子，孔子只好离开了齐国。

有人说，是孔子自己说"我年纪大了，没什么作为了"而离开了齐国。都是以年龄大为托词。

18.4

[原文]

齐人归女乐，季桓子受之，三日不朝，孔子行。

[释义]

齐国人送了一些歌姬舞姬，季桓子收下了，三天都不问政事，孔子去职离开。

[智慧]

季桓子把持鲁国朝政，却因为女乐而耽误政事，孔子对这种见色忘政的行为不赞赏，所以辞官不做了。

18.5

[原文]

楚狂接舆歌而过孔子曰："凤兮凤兮！何德之衰？往者不可谏，来者犹可追。已而，已而！今之从政者殆而！"孔子下，欲与之言。趋而辟之，不得与之言。

[释义]

楚国的狂人接舆路过孔子身边，说："凤凰啊凤凰啊！世道居然如此败坏！过去的已经无法挽回了，未来的还可以期待。算了吧，算了吧！现在执政的人也就这样了。"孔子下车，想要和他交谈。接舆快步躲开了，孔子没和他谈成。

[智慧]

接舆，楚国隐士，以狂逸著称。

接舆虽然说未来可期，但是看看彼时天下诸侯贪婪暴政，所以他放弃了对未来的幻想，才会说算了吧，现在执政的人也就这样了，未来其实也没什么希望，以后也看不到有凤来仪了。

孔子主张积极入世，即使避世也要修炼仁德。

18.6

[原文]

长沮、桀溺耦而耕，孔子过之，使子路问津焉。

长沮曰:"夫执舆者为谁?"子路曰:"为孔丘。"曰:"是鲁孔丘与?"曰:"是也。"曰:"是知津矣。"

问于桀溺。桀溺曰:"子为谁?"曰:"为仲由。"曰:"是鲁孔丘之徒与?"对曰:"然。"曰:"滔滔者天下皆是也,而谁以易之?且而与其从辟人之士也,岂若从辟世之士哉?"耰而不辍。

子路行以告。夫子怃然曰:"鸟兽不可与同群,吾非斯人之徒与而谁与?天下有道,丘不与易也。"

[释义]

长沮和桀溺一起耕种,孔子路过这里,让子路去问一下渡口在哪里。

长沮问:"那位驾车的人是谁?"子路说:"是孔丘。"长沮问:"是鲁国的孔丘吗?"子路说:"是的。"长沮说:"那么他已经知道渡口在哪里了。"

子路又问桀溺。桀溺问:"你是谁?"回答说:"我是仲由。"桀溺说:"是孔门的弟子吗?"回答:"是的。"桀溺说:"滔滔洪水天下到处都有,你和谁去改变呢?而且你与其跟随着逃避人的人,为什么不跟随着逃避社会的人呢?"然后桀溺继续翻土播种。

子路回来告诉了孔子。孔子很失望地说:"我们不能同飞鸟走兽一同相处,如果不和人在一起相处又要和谁相处呢?如果天下太平,我就不会和你们一起去试图改变什么了。"

[智慧]

长沮、桀溺,人名,已不可考。

古人有时候真的很有趣。其实孔子没有打算与这两位农夫或者隐士讨论天下之道,他只是想让子路去问个路,结果被教育了一番,还不知道路在哪里。孔门的弟子也挺有趣的，只要知道的，他们什么都记录下来。

改革以复礼，以求天下太平，正是孔子终身的奋斗目标。

18.7

[原文]

子路从而后，遇丈人，以杖荷蓧。子路问曰："子见夫子乎？"丈人曰："四体不勤，五谷不分。孰为夫子？"植其杖而芸。子路拱而立。止子路宿，杀鸡为黍而食之，见其二子焉。明日，子路行以告。子曰："隐者也。"使子路反见之。至，则行矣。子路曰："不仕无义。长幼之节，不可废也；君臣之义，如之何其废之？欲洁其身，而乱大伦。君子之仕也，行其义也。道之不行，已知之矣。"

[释义]

子路跟随孔子，落在了后面。遇到了一位用木棍挑着工具的老者。子路问："您看到我的老师了吗？"老者回答："手脚不会劳动，各种谷物都分不清，怎么就是老师了？"说完放下木棍去除草。子路拱手站在一边。老者留下子路住宿，杀鸡做饭给子路吃，又叫他的两个儿子出来和子路相见。第二天，子路赶上了孔子告诉孔子昨天的经历。孔子说："这是一位隐士。"让子路回去找这位隐者，子路到了，老者却躲开了。子路转述孔子的话说："不出来做官是不对的。长幼之间的礼节，是不能废弃的；君臣之间的道义，又怎么能废弃呢？（隐居）本来是要洁身自爱，但是却乱了君臣之间的更大的伦理秩序。君子出来做官，是为了践行道义。天下的德政无法实现，已经可以知道了。"

[智慧]

最后一段"子路曰"，应该是子路对老者的两位儿子转述孔子告诉老者的话。

子路直接提出"不出来做官是不对的"，是对隐士的批判。

18.8

[原文]

逸民：伯夷、叔齐、虞仲、夷逸、朱张、柳下惠、少连。子曰："不降其志，不辱其身，伯夷、叔齐与！"谓："柳下惠、少连，降志辱身矣，言中伦，行中虑，其斯而已矣。"谓："虞仲、夷逸，隐居放言，身中清，废中权。我则异于是，无可无不可。"

[释义]

隐士：伯夷、叔齐、虞仲、夷逸、朱张、柳下惠、少连。孔子说："坚定意志，不受屈辱，是伯夷、叔齐吧！"又说："柳下惠、少连，意志不够坚定，辱没了自己的身份，言语合乎礼仪，行为经过思考，也可以算作隐士吧。"又说："虞仲、夷逸，隐居起来以后，大胆直言，人格很清廉，被（执政者）放弃也合乎权宜。我和这些人不一样。"

[智慧]

"逸民"，指那些志趣高洁、隐居避世之人。孔子说对"逸民"的态度是"无可无不可"，值得玩味。

18.9

[原文]

大师挚适齐，亚饭干适楚，三饭缭适蔡，四饭缺适秦，鼓方叔入于河，播鼗武入于汉，少师阳、击磬襄入于海。

[释义]

太师挚到了齐国，亚饭乐师干到了楚国，三饭乐师缭到了蔡国，四饭乐师缺到了秦国，打鼓的乐师方叔移居黄河岸边，摇小鼓的乐师武移居汉水岸边，少师阳与击磬的乐师襄移居到海边。

[智慧]

太师、亚饭、三饭等，都是乐师。古时候国君在宴会上让乐师们演奏音乐，所以用"饭"字给乐师们命名。以上的乐师都是鲁国人，他们从鲁国离开，去往了其他诸侯国。

18.10

[原文]

周公谓鲁公曰："君子不施其亲，不使大臣怨乎不以。故旧无大故，则不弃也。无求备于一人！"

[释义]

周公对鲁公说："君子不怠慢他的亲属，不会让他的大臣抱怨没有受到重视。旧臣属如果没有大的错误，不要弃用他们。不要对一个人求全责备。"

[智慧]

"周公"，指周公旦，鲁国的开国君主。

"鲁公"，指伯禽，周公的儿子。周公被封在鲁国，但是他一直在朝中辅政，所以没有真正到封国就任。伯禽是实际上鲁国的第一任君主。

不要轻易抛弃长期追随自己的人，也不要对别人要求太高，不能指望所有的事情都给一个能人干完了。无论他多能干，他都会有缺点和弱点，有疲惫不堪和疏忽大意。能容忍别人无心之失，能够用人所长而避其所短，这样才会有更多的人愿意追随。

18.11

[原文]

周有八士：伯达、伯适、仲突、仲忽、叔夜、叔夏、季随、季骊。

[释义]

周朝有八位贤人：伯达、伯适、仲突、仲忽、叔夜、叔夏、季随、季骊。

[智慧]

伯、仲、叔、季，这是按照年齿长幼排序下来的，可能是兄弟关系。八位贤人已不可考。

孔子虽然推荐"逸民"，但主张"中庸"，在"仕"与"隐"之间从容自处。

子张第十九

19.1

[原文]

子张曰："士见危致命，见得思义，祭思敬，丧思哀，其可已矣。"

[释义]

子张说："读书人看见危险，可以不惜牺牲自己；看见利益，考虑是否应该得到；祭祀的时候，要恭敬虔诚；居丧的时候，想到先人能够悲伤。这样就可以了。"

[智慧]

"见危致命"，这里的"危"，是涉及国家民族安危、涉及天下公义的，也就是合乎仁德道义的事情。

19.2

[原文]

子张曰："执德不弘，信道不笃，焉能为有？焉能为亡？"

[释义]

子张说:"躬行仁德不够坚持,信仰道义不够忠实,(这样的人)有他也可以,没有他也可以。"

[智慧]

想要践行仁德之道,可是受制于私心私欲,瞻前顾后,做君子也不坚决,做小人还不甘心。子张觉得做人做到这样,无足轻重。

19.3

[原文]

子夏之门人问交于子张。子张曰:"子夏云何?"对曰:"子夏曰:'可者与之,其不可者拒之。'"子张曰:"异乎吾所闻:君子尊贤而容众,嘉善而矜不能。我之大贤与,于人何所不容?我之不贤与,人将拒我,如之何其拒人也?"

[释义]

子夏的弟子向子张请教交友之道。子张问:"子夏怎么说?"弟子说:"子夏说:'值得交往的就去交往,不值得交往的就拒绝他。'"子张说:"我听到的交友之道与此不同:君子既能尊重贤良也能包容普通大众,鼓励行善之人,怜悯不能行善的人。我如果具备仁德贤良,那么什么样的人我不能包容呢?如果我不具备仁德贤良,别人拒绝和我交往,我凭什么拒绝别人呢?"

[智慧]

子张讲交友之道。

孔子和他的弟子们都讲包容性，君子既要向比自己强的人学习、请教，提升自己，也要能够包容不如自己的人，并且帮助他们提升。朋友圈都是比自己强的人太累，都是与自己实力相当的人就像每时每刻都在照镜子，都是不如自己的人就容易倦怠，所以要包容各种朋友。

朋友圈的下限低，但是一定要有底线。每个人都有对人性的评判标准，低于这个标准的人不能交往，这就是做人的原则。这个原则应该是涉及人品方面的，而不是地位、职务、财富。当然这种底线原则也要涉及人伦大义，但是不能提得太高，如果把标准定在颜回这个水平以下的人统统不交往，那么古往今来亿兆黎民都会孤独终老、终生无伴了。

一个人想要结交道德水准、学识修养、社会地位更高的朋友，不是靠投机，更不能靠巴结，要靠两点：第一是不断提升自己的实力，第二是始终保持对自己实力的清醒认识。

历史反复证明：没有地基和一楼，永远不会有二楼。

历史也不断证明：努力去巴结层次高于自己太多的人，最后都会摔得粉身碎骨。

19.4

[原文]

子夏曰："虽小道，必有可观者焉；致远恐泥，是以君子不为也。"

[释义]

子夏说："一般的小技艺，一定会有可取之处的；但是这样的小技艺，如果长期沉湎其中，肯定会妨碍大的事业，所以君子不做这样的事情。"

[智慧]

"小技艺"，可以理解为手工业者或者有其他具体技能的人。

读《论语》，不能以古非今，也不必以今非古。

人能始终都保持对自己的清醒认识，不容易。

19.5

[原文]

子夏曰："日知其所亡，月无忘其所能，可谓好学也已矣。"

[释义]

子夏说："每天都能知道自己还有什么不知道的（需要学习），每个月都不会忘记已经学到的知识，这样就可以算是好学了。"

[智慧]

能够坚持学习，就是子夏说的"知其所亡"；吸收之后变成了自己的知识储备了，就是子夏说的"无忘其所能"。

一个人终身不能放弃的两件事情，就是学习知识和锻炼身心。

锻炼身心，不只是跑步、器械等各种运动，那是锻炼身体，还要保养自己的心，有一个健康阳光的心态也是我们终身要坚持的。

19.6

[原文]

子夏曰："博学而笃志，切问而近思，仁在其中矣。"

[释义]

子夏说:"广泛地学习并且有坚定的意志,务实而细致地询问并且能够很快地开始思考当前的问题,仁德就在这中间了。"

[智慧]

如今复旦大学校训即"博学而笃志,切问而近思"。

19.7

[原文]

子夏曰:"百工居肆以成其事,君子学以致其道。"

[释义]

子夏说:"工匠要经常待在工棚或去市场观察才能成就更高的技能,君子要通过学习才能实现他的理想。"

[智慧]

玉器雕刻师要经常看看其他玉器作品,找到不足,提升自己,才能雕刻出更好的玉器。

君子想要实现心中的理想,也要不停地学习,不断地提升自己,才能逐步接近他的理想。

19.8

[原文]

子夏曰:"小人之过也必文。"

[释义]

子夏说："小人有了过错，一定会想办法掩饰。"

[智慧]

一个人在乎眼下利益的得失，自然会想办法文过饰非，或者把责任转嫁给其他人；一个人如果在乎长远的发展，他就会勇敢面对自己的错误，承担责任，找到补救措施。

敢不敢承认错误、承担责任，需要的是勇气。只能看到眼下，还是能看得更远，需要的是智慧。

19.9

[原文]

子夏曰："君子有三变：望之俨然，即之也温，听其言也厉。"

[释义]

子夏说："君子有三种不同的状态：远远地看着，觉得他凛然可畏；近距离相处，觉得他温和可亲；听他说话，觉得正直严肃而不苟且。"

[智慧]

子夏描述君子的状态，孔子全有。

19.10

[原文]

子夏曰："君子信而后劳其民，未信则以为厉己也；信而后谏，未信则以为谤己也。"

[释义]

子夏说："君子先取得百姓的信任然后才去役使他们，没有得到信任之前百姓会以为自己受到了折磨；取得君主的信任然后再进谏，没有得到信任之前君主会以为自己受到了毁谤。"

[智慧]

在一个团队，如何向上级提建议，如何给下级分派任务，这不只是依据职位和职权，更是依据信任度。

先让自己的行为取得别人的信任，让上级和下级都觉得其人公正勤勉，这样他的建议和分派就会得到认可，至少大家相信这些建议和指令是出自公心而不是私欲。

取得信任之后，做事情就会很顺利。

19.11

[原文]

子夏曰："大德不逾闲，小德出入可也。"

[释义]

子夏说："大的原则不能逾越，小的原则稍有出入是可以的。"

[智慧]

人没有不犯错的，基本原则不能突破，也就是底线不能破，细节不要较真。

19.12

[原文]

子游曰："子夏之门人小子，当洒扫应对进退，则可矣，抑末也。本之则无，如之何？"

子夏闻之，曰："噫！言游过矣！君子之道，孰先传焉？孰后倦焉？譬诸草木，区以别矣。君子之道，焉可诬也？有始有卒者，其惟圣人乎！"

[释义]

子游说："子夏的门人弟子，洒水扫地，迎来送往，还可以，但这都是细枝末节。如果说根本上有用的那些学识技能，他们就没有了，这有什么用呢？"子夏听到了，说："唉！言游错了！君子的学识技能，哪项在先传授？哪项在后传授呢？就像草木一样，只是有所区别罢了。君子的学识技能，可以歪曲吗？所有的学识技能都能够有序地从开始到结束完成学习的，大概只有圣人可以做到吧！"

[智慧]

言偃，字子游，孔子的弟子。子夏也称他为"言游"。

子游觉得子夏的弟子们就会扫扫地，接待客人，好像和君子应该学习的文献、六艺差距甚远。可是子夏觉得门人做好这些日常事务本身也是一种修养和锻炼，也是属于学习的一种形式。

19.13

[原文]

子夏曰："仕而优则学，学而优则仕。"

[释义]

子夏说："官做得好了，有空就去学习；学习好了，有空就去做官。"

[智慧]

今天这个"仕"可以推而广之，讲成"事业"，不只是从政这一条路径。

创业的时候，往往学业和事业不可兼得：事业有所成就了，可以去学习了；学业有成了，就要投身社会实践，让自己的事业也能有所成就。

学和仕互为依托，但是注意前提：必须是"优"，要先让自己的事业或者学业做好了，有成绩了，优秀了，才有机会、有资格去干另外一件事。

19.14

[原文]

子游曰："丧致乎哀而止。"

[释义]

子游说："居丧，充分表现出悲戚就可以了。"

[智慧]

服丧不能过度悲哀。伤及自己的身体和心神，也是故去的亲人所不愿意见到的。

19.15

[原文]

子游曰："吾友张也，为难能也，然而未仁。"

[释义]

子游说："我的朋友子张，已经难能可贵了，但是还没有做到仁德。"

[智慧]

子张，即颛孙师，孔子的弟子。他为人很正直，讲求仁义道德。但是，孔子说过"师也辟""师也过"的话，似乎子张做事情有时激进，有失偏颇。

子游认为子张还没有达到"仁"。

19.16

[原文]

曾子曰："堂堂乎张也，难与并为仁矣。"

[释义]

曾子说："堂堂正正光明正大的子张，别人很难与他一起到达仁德那样的高度。"

[智慧]

曾子赞赏子张，评价是"为仁"，即接近"仁"。

不同的人，对"仁"的认识不同。

19.17

[原文]

曾子曰："吾闻诸夫子：人未有自致者也，必也亲丧乎！"

[释义]

曾子说："我听老师说过：平时人不会主动表达丰富的情感，如果有，那一定是在父母故去的时候吧。"

[智慧]

子欲孝而亲不在，这才是人生最大的悲哀。

父母在世的时候，让他们感受到温馨和愉快，让他们心情舒畅，这是做子女最大的孝了。生尽孝比亲不在时的哭泣和悲哀更有意义。

19.18

[原文]

曾子曰："吾闻诸夫子：孟庄子之孝也，其他可能也；其不改父之臣与父之政，是难能也。"

[释义]

曾子说:"我听老师说过:孟庄子的孝顺,其他的别人都能做到,但是留用他父亲的臣属,不更改他父亲制定的政策,这是别人很难做到的。"

[智慧]

对孟庄子来说,父亲不在了,三年不改变父亲在世时的政策,就是孝。

对普通人来说,父母亲不在了,不改变合理的规矩,就是孝。

19.19

[原文]

孟氏使阳肤为士师,问于曾子。曾子曰:"上失其道,民散久矣。如得其情,则哀矜而勿喜!"

[释义]

孟氏让阳肤做法官,阳肤向曾子请教。曾子说:"掌握权力的人不施行仁德之政,百姓们早就离心离德了。审问犯罪的人,如果你能了解他们为什么犯罪的实情,应该同情他们并为他们感到悲哀,而不是觉得抓住了罪犯并可以给他们定罪而感到高兴。"

[智慧]

儒家主张以礼为本,对外政策是先礼后兵,对内统治是先礼后罚。

如果统治者施行仁政,让百姓富足,并且得到足够的教育,那么百姓如果犯罪,就要依法惩治;如果统治者施行暴政,让百姓困苦不堪，无法生存，更别提什么教化民众了，那么百姓如果犯罪，统治者不能仅仅通过法律予以惩罚，更应该自我检讨，从上层开始改变错误的行政理念和政策，并且对被逼无奈走上犯法道路的百姓予以怜悯和宽宥。

19.20

[原文]

子贡曰："纣之不善，不如是之甚也。是以君子恶居下流，天下之恶皆归焉。"

[释义]

子贡说："商纣王的恶行，并不像现在传得这样坏。所以君子不喜欢身处卑劣的境遇，不然天下所有的坏事都算在他的头上了。"

[智慧]

子贡说了大实话。历史都是后人写的。周朝人写夏商历史，夏桀和商纣都必须是坏人，很坏很坏，而且不会有任何好事与他们相关的。

读史书，要有所思考，独立判断，坏人不一定真有那么坏，好人也不一定真有那么好。

19.21

[原文]

子贡曰："君子之过也，如日月之食焉；过也，人皆见之；更也，人皆仰之。"

[释义]

子贡说:"君子犯错误,就像日食月食;犯错误的时候,人们都能看得见;改正错误了,人们都依然敬仰他。"

[智慧]

犯错误,不可怕;错了不改,才可怕;改了错,依然是君子。

19.22

[原文]

卫公孙朝问于子贡曰:"仲尼焉学?"子贡曰:"文武之道,未坠于地,在人。贤者识其大者,不贤者识其小者。莫不有文武之道焉。夫子焉不学?而亦何常师之有?"

[释义]

卫国的公孙朝问子贡说:"仲尼的学问是跟谁学的呢?"子贡说:"周文王周武王的圣贤仁德之道,并没有消失,还在人间。贤良有才能的人可以得到其中大的学问,不太贤良才能不够的人也能够得到其中小的学问。夫子哪里不可以学习呢?为什么一定要有固定的老师呢?"

[智慧]

子贡说孔子善学,没有固定的老师。

19.23

[原文]

叔孙武叔语大夫于朝，曰："子贡贤于仲尼。"子服景伯以告子贡。子贡曰："譬之宫墙，赐之墙也及肩，窥见室家之好。夫子之墙数仞，不得其门而入，不见宗庙之美，百官之富。得其门者或寡矣。夫子之云，不亦宜乎！"

[释义]

叔孙武叔在朝廷上对官员们说："子贡比仲尼贤良。"子服景伯告诉了子贡。子贡说："就好像宫墙，我的墙有肩膀那么高，可以看见屋子里的精致美好的布置。我的老师的墙有好几丈高，如果找不到门能进去，就看不见里面宗庙的雄伟，也看不到各种样子的房屋。可是能够找到老师那个门的人太少了。叔孙武叔这样讲，从他的角度也是对的啊。"

[智慧]

叔孙武叔，鲁国的大夫。

离间与捧杀，正是叔孙武叔的手段。子贡不为之所惑。

19.24

[原文]

叔孙武叔毁仲尼。子贡曰："无以为也！仲尼不可毁也。他人之贤者，丘陵也，犹可逾也；仲尼，日月也，无得而逾焉。人虽欲自绝，其何伤于日月乎？多见其不知量也。"

[释义]

叔孙武叔毁谤孔子。子贡说:"不能这样做! 仲尼是不能毁谤的。别人的贤能,就像小山丘一样,可以跨过去;仲尼的贤能,就像日月一样,没有办法跨越过去。一个人即便要自绝于日月,日月有什么损害呢? 只是能看出这个人不自量力罢了。"

[智慧]

叔孙武叔毁谤孔子,子贡为老师辩护。子贡很清醒。

19.25

[原文]

陈子禽谓子贡曰:"子为恭也,仲尼岂贤于子乎?"子贡曰:"君子一言以为知,一言以为不知,言不可不慎也。夫子之不可及也,犹天之不可阶而升也。夫子之得邦家者,所谓立之斯立,道之斯行,绥之斯来,动之斯和。其生也荣,其死也哀。如之何其可及也?"

[释义]

陈子禽对子贡说:"您就是太谦虚了,仲尼还能比您贤良吗?"子贡说:"虽然是君子,但是也会一句话知道他有智慧,一句话知道他的无知,所以说话不能不谨慎。我的老师无法赶上,就好像天不是登台阶就能上去的。老师如果能得到一个国家,他让百姓立足于社会,百姓就会立足于社会;他让百姓前进,百姓就会前进;他安抚百姓,那么远方的百姓也都会来投奔;他驱使百姓,百姓都会同心协力听他指挥。他在世的时候,人们以他为荣;他故去了,人们为他感到悲哀。我怎么能够赶得上我的老师呢。"

[智慧]

陈子禽，即陈亢，前面提过，他向孔子的儿子伯鱼打听过孔子的事情。陈子禽也诋毁孔子，子贡坚决维护老师。

孔子功德无量，孟子赞为"至圣"，即"最高的圣人"。孔子的影响力如此大，当中有高足子贡不断维护的功劳。

尧曰第二十

20.1

[原文]

尧曰："咨！尔舜！天之历数在尔躬，允执厥中。四海困穷，天禄永终。"舜亦以命禹。

曰："予小子履，敢用玄牡，敢昭告于皇皇后帝：有罪不敢赦。帝臣不蔽，简在帝心。朕躬有罪，无以万方；万方有罪，罪在朕躬。"

周有大赉，善人是富。"虽有周亲，不如仁人。百姓有过，在予一人。"

谨权量，审法度，修废官，四方之政行焉。兴灭国，继绝世，举逸民，天下之民归心焉。

所重：民、食、丧、祭。

宽则得众，信则民任焉，敏则有功，公则说。

[释义]

尧说："舜！上天的历数让大命落在你的身上，你要不偏不倚地守持公正。如果四海的百姓生活穷困，上天给你的禄位也就永远地终止了。"舜也是这样告诫禹的。

汤说："我履，用黑色牡牛作牺牲，明明白白地敬告光明而伟大的天帝：有罪的人我不敢擅自赦免他们。您的臣仆的善恶我也不敢隐瞒，您的心里都是清楚的。如果我有罪，请您不要牵连天下人；如果天下人有罪，都由我一个人承担。"

周朝大封诸侯，使仁善之人都富足了。武王说："我虽然有至亲，却不如有仁德的人。天下人有罪，都由我一个人承担。"

检验并审定度量衡，详细审定法令制度，整顿被废弃的官职，天下的政令就行得通了。复兴被灭亡的国家，延续已断绝的后代，推举高逸的人才，天下的人心就会归附了。

所重视的：百姓、粮食、丧礼、祭祀。

宽容就会得到群众的拥护，诚信就会得到百姓的依赖，勤勉工作就会有功劳，行事公平就会让百姓满意。

[智慧]

这些内容略显杂乱，研究者大多认为是各种内容拼凑在一起的，所以前后逻辑顺序不通顺，而且可能有错简或漏简的情况。

记载尧、舜、汤、武之言行，旨在揭示儒家思想从何而来。

20.2

[原文]

子张问于孔子曰："何如斯可以从政矣？"子曰："尊五美，屏四恶，斯可以从政矣。"子张曰："何谓五美？"子曰："君子惠而不费，劳而不怨，欲而不贪，泰而不骄，威而不猛。"

子张曰："何谓惠而不费？"子曰："因民之所利而利之，斯不亦惠而不费乎？择可劳而劳之，又谁怨？欲仁而得仁，又焉贪？君子无众寡，无小大，无敢慢，斯不亦泰而不骄乎？君子正其衣冠，尊其瞻视，俨然人望而畏之，斯不亦威而不猛乎？"

子张曰："何谓四恶？"子曰："不教而杀谓之虐；不戒视成谓之暴；慢令致期谓之贼；犹之与人也，出纳之吝谓之有司。"

[释义]

子张问孔子："怎么样才能处理好政务呢？"孔子说："尊重五种美德，排除四种恶行，就可以处理好政务了。"子张问："什么是五种美德？"孔子说："君子给百姓实惠，但是却不会耗费国家太多的财力；让百姓服劳役，但是百姓没有怨言；虽然有欲望，但是不贪婪；神情庄严，但是不骄傲；态度威严，却不凶猛。"

子张说："什么是给百姓实惠，却不会耗费国家太多的财力呢？"孔子说："按照对百姓有利的方式，给他们一些实惠，难道不是既有实惠又不耗费国家财力的方式吗？选择那些适合劳动的时间和适合劳动的人去服劳役，谁会抱怨呢？想要获取仁德，就得到了仁德，还有什么值得贪婪的呢？无论人数多少，势力大小，君子都不会怠慢他们，这不就是神情庄严却不骄傲吗？君子衣冠整齐，目不斜视，神态庄严而让别人望而生畏，这不就是威严但是不凶猛吗？"

子张问："什么是四种恶行？"孔子说："没有教育就杀戮，就是残虐；没有训诫就要看到成绩，就是残暴；怠于下达命令但是勒令及时完成任务，就是害人；应该给别人的财物却非常吝啬，就是刁难。"

[智慧]

"尊五美，屏四恶，斯可以从政"，这是落实儒家思想的具体行动纲领。

20.3

[原文]

孔子曰："不知命，无以为君子也；不知礼，无以立也；不知言，无以知人也。"

[释义]

孔子说："不知道天命，不能做君子；不知道礼仪，不能立足在社会；不能分辨别人的言语，就没办法真正了解别人。"

[智慧]

再次强调儒家"知命""知礼""知言"的重要性，天人合一，礼在其中。

跋　识　写给儿子的话

儿子完成了书稿，作为父亲，我是作品的第一位读者。这让我感到既欣慰又骄傲。

在我看来，《论语》古奥难懂、晦涩难解，而这部书让我有了不一样的认识：

它体裁新颖，文笔生动，深入浅出地解读了古代这一重要典籍。作品不是学术研究，不是逐字逐句地抠字眼儿，而是谦和、平实地聆听圣人教诲，感受圣人的魅力，让人读起来学起来轻松而又愉悦。

它旁征博引，不仅逐篇逐章地讲解经典，还让人学习到很多新的知识，让人频频点头，欣赏赞叹。

儿子喜欢读书，只要时间允许，他都是手不释卷。每年读的书数量可观，勤于思考又勤于笔耕，文章、诗词都写得有新意、有分量。

儿子喜欢品茶，对于茶道、茶趣、茶源均熟络。

儿子喜欢摄影，他的作品角度新、上档次、够水平。

儿子喜欢游泳、健身，对于养生之道也颇有研究。

儿子喜欢旅游，读万卷书、行万里路。每到一地，首选都是当地的博物馆，而我们跟着儿子也走遍大江南北。

儿子懂生活、会生活，非常重视仪式感。家庭成员的生日、传统的节日，他都会用浓烈的仪式感把原本单调的日子变得不一样，增添了很多情趣，留下了很多回忆。

儿子资质很高，工作能力很强，人品、人缘极佳，无论走到哪里都能结交到好朋友。

这一切让我这个父亲倍感骄傲。

看到儿子的成长，手握儿子的作品，我进入了一种阅读状态。

很精彩，很成功，值得一读。

老　为

2024年8月于北京